KB136085

리차드 위트컴

6·25전쟁 폐허 속에서 핀 인류애

리차드 위트컴

지은이	오상준
초판 1쇄	2022년 5월 31일
편집	허태준 책임편집, 박정오, 임명선, 하은지
디자인	소풍
미디어	전유현, 최민영
경영지원	김지은, 김태희
마케팅	최문섭
제작	갑우문화사

펴낸이	장현정
펴낸곳	호밀밭
등록	2008년 11월 12일(제338-2008-6호)
주소	부산 수영구 연수로357번길 17-8 1층
전화, 팩스	051-751-8001, 0505-510-4675
전자우편	homilbooks.com@naver.com

Published in Korea by Homilbooks Publishing Co, Busan.
Registration No. 338-2008-6.
First press export edition May, 2022.

ISBN 979-11-6826-060-3(03910)

※ 가격은 겉표지에 표시되어 있습니다.

※ 이 책은 방일영문화재단의 지원을 받아 저술·출판되었습니다.

리차드 위트컴

Richard S. Whitcomb

6·25전쟁 폐허 속에서 핀 인류애

오상준

머리말

리차드 위트컴 장군은 내게 친근한 할아버지 같은 존재다. 만약 살아 계신다면 올해 128살이다. 직접 만나지는 못했지만 매년 7월 12일 부산 유엔기념공원에서 열리는 추도식에서 뵙거나 꿈에서 종종 만났다. 친할아버지와 외할아버지가 일찍 돌아가셔서 별다른 추억과 기억이 없는 나로서는 위트컴 할아버지가 훨씬 더 친숙하다. 나름 위트컴 할아버지에 관한 자료를 많이 찾고 연구도 하고 기사도 썼으니.

6·25전쟁 때 유엔군(미군) 부산군수기지사령관으로 근무하면서 전쟁 여파와 잦은 화재로 폐허가 된 부산을 재건하는 데 온몸을 던졌다. 부산시민을 위해서라면 별 하나, 원스타 장군의 체면을 구기는 일도 주저하지 않았다. 전쟁이 끝나고도 미국으로 돌아가지 않고 남아서 한국의 재건을 도왔다. 의리 앞에서 자신을 불사르는 '부산사나이'다운 면모를 보여줬다.

사회부 차장으로 부산시청을 출입하던 2011년 6월, 장군에 관한 기사를 우연한 기회에 쓰게 된 이후 장군이 부산시민을 위해 베풀었던 감동의 스토리에 빠져들었다. 부산시민의 한 사람으로서 은혜에 보답한다는 차원에서 장군의 선행을 발굴하고 재조명하는 기사를 쓰고 이를 모아 책을 내겠다고 마음먹었다.

그로부터 11년의 세월이 흐른 데다 올해는 장군이 별세한 지 40주년 되는 뜻깊은 해여서 책 내용이 완벽하지 않더라도 책 발행을 더는 미룰 수 없다고 판단했다. 현재까지 연구 및 시간의 제한으로 위트컴 장군과 관련된 자료를 종합하는 데 이 책의 발간 목적을 뒀다. 이 책이 향후 체계적인 연구를 위한 기초자료로 널리 쓰이길 기대한다.

10년 넘게 장군에 관한 취재를 하면서 뜻을 함께하는 좋은 분을 많이 만났다. 위트컴 할아버지 덕분에 인생의 멘토 같은 형님 몇 분을 만난 셈이다. 김재호 부산대 전자공학과 교수, 강석환 부산관광협회 부회장, 육군 5군수지원사령관을 지낸 박주홍 경북대 교수. 이 세 분의 도움이 없었더라면 이 책은 나오지 못했을 거다. 위트컴 장군을 재조명하는 일을 늘 후원하고 응원해주는 전호환 동명대 총장(전 부산대 총장), 박종왕 유엔평화기념관장, 장군의 딸인 민태정 위트컴희망재단 이사장께도 감사드린다. 6·25전쟁 전후의 소중한 사진 자료를 제공해준 김한근 부경근대사료연구소장, 클리포드 스트로버스(클리프) 씨께도 감사의 마음을 표한다. 2021년 유엔기념공원 조성 70주년을 맞아 'NEVER FORGET YOU ALL(당신들 모두를 결코 잊지 않겠습니다)' 국문 및 영문판 특별 매거진을 발행한 김성한 부산 남구신문 편집장과 졸고 출판을 흔쾌히 수락해준 장현정 호밀밭 출판사 대표께도 고마움을 전한다.

2022년 5월

오상준

일러두기

※이 책은 방일영문화재단의 지원을 받아 저술·출판되었습니다.

목차

Ⅱ. 위트컴 장군과 한묘숙 여사의 러브스토리

Ⅲ. 남아 있는 흔적 재조명

Ⅳ. 부산에 오기 전 위트컴의 삶

Ⅴ. 전쟁의 상흔을 간직한 부산

Richard S. Whitcomb

Richard S. Whitcomb

프롤로그

위트컴 장군과 부산 - 사람이 먼저다

2018년 9월 초. 대구에 있는 육군 제5군수지원사령부가 보낸 세미나 초청장을 받고 저자는 만감이 교차했다. 9월 4일 오후 1시30분~4시 부대 위트컴 장군실에서 '위트컴 장군의 삶과 리더십'을 주제로 세미나가 열린다는 내용이었다. '리차드 위트컴(1894~1982) 장군이 살아온 삶을 조명하고 그 정신을 계승하기 위해서'라고 했다.

5군수지원사령부는 부산대 전자공학과 김재호 교수의 초청 강연에 이어 패널 토론을 한 뒤 장소를 부산 해운대구 좌동 장산회관으로 옮겨 만찬을 열 계획이다. 부산은 위트컴 장군 제2의 고향이다. 1953, 1954년 유엔군(미군) 부산군수기지사령관(준장)으로 근무하며 부산시민에게 숱한 선행을 베풀었고 숨지고 나서 묻힌 곳이다. 그는 부산 남구 대연동 유엔기념공원에 안장된 유일한 장성이다.

그는 6·25전쟁이 끝난 뒤 미국으로 돌아가지 않고 한국에 남았을까? 왜 한국인 여성과 결혼했을까? 위트컴 장군은 어떤 사람이었을까?

장군의 삶을 소개하면 궁금증이 풀릴 것 같다. 1953년 11월 27일 오후 8시 30분 발생한 부산역전 대화재로 6000세대 3만 명의 이재민이 발생했다. 추위와 배고픔에 떨던 이재민에게 미군 창고를 열어 잠을 잘 천막과 먹을 것을 나눠준 이가 바로 위트컴 장군. 하지만 이 일로 곤경에 처했다. 군법을 어겼다는 이유로 미국 의회 청문회에 소환되는 등 위기에 몰렸다.

이 대목에서 2017년 당시 문재인 전 대통령이 새로운 대한민국을 만들기 위한 비전으로 제시한 '사람이 먼저다'라는 문구가 오버랩 됐다. 위트컴 장군이 군법보다 사람(추위에 떠는 이재민)이 먼저임을 몸소 실천했기 때문이다. 이뿐 아니다. 그는 1954년 5월 영도구 피란민촌을 시찰하던 중 만삭의 임신부가 보리밭에 들어가 아기를 낳는 장면을 목격하고 산원(조산소)을 설치했다. 피란민촌 천막에는 7, 8세대 40여 명이 집단생활하는 탓에 아기를 낳을 곳으로 보리밭을 택하지 않을 수 없는 여건이었다.

사람이 먼저라는 그의 철학은 교육과 의료 지원으로 이어졌다. 이승만 대통령을 설득해 부산대 장전캠퍼스 50만 평 부지를 무상으로 제공해 대학 설립의 초석을 놓았다. 또 예하 부대 장병에게 월급의 1%를 기부하게 해 메리놀병원 신축을 도왔다. 병원 건립 기금이 모자라자 군복 대신에 한복 차림에 갓을 쓰고 부산 시내를 활보하며 모금 캠페인을 벌였다. 어려운 이웃을 돕는 일에는 사령관으로서 체면을 구기는 행동도 마다하지 않았다는 얘기다. 미국 격주간지 〈라이프〉는 1954년 10월 25일 자 42쪽에 한복 차림의 장군을 소개했다. 그래서 그에게는 '전쟁고아의 아버지' '한국인보다 한국을 더 사랑한' '파란 눈의 구세주'라는 수식어가 따라붙는다.

그는 휴머니스트이면서 동시에 로맨티시스트였다. 전쟁고아를 위해 함께 활동하던 한묘숙(1927~2017) 여사와 30여 살의 나이 차이를 극복하고 결혼하며 사랑을 이뤘다. 한 여사는 부산고등여학교(현 부산여고)를 다녔다. 한 여사는 장군을 대신해 6·25전쟁 도중 1950년 11~12월 장진호 전투에서 숨진 미군의 유해를 발굴·송환하기 위해 북한을 20여 회나 방문했다. 전쟁고아 돕기와 미군 유해 발굴이 장군의 평생 과업임을 알 수 있다.

부산과 위트컴 장군은 '사람이 먼저'라는 공통점이 있다. 늦은 감은 있지만, 부산 유엔평화기념관은 2018년 7월 12일 위트컴 장군 상설전시실을 개관했다. 앞서 5군수지원사령부는 2017년 12월 29일 장군의 뜻을 기리는 '위트컴 장군실'을 열었다. 박주홍 5군수지원사령관(현재 경북대 경상대학 교수)의 개관식 인사말을 들어보면 부산시민 한 사람으로서 고맙기도 하고 부끄럽기도 하다.

"노르망디 상륙작전, 기지 건설, 6·25전쟁 등 위트컴 장군이 보여준 군수 분야 전문성과 폐허가 된 국가의 국민에게 재건을 위해 헌신한 그의 발자취는 우리 부대원들에게 큰 감동과 가르침을 주고 있습니다. '위트컴 장군실'은 우리 부대가 지향하는 정신적 지표이자 한미동맹의 상징으로서 한미 양군의 우정의 장소가 될 것입니다."

특히 올해는 위트컴 장군이 한국에서 별세한 지 40주기가 되는 뜻깊은 해다. 이제 부산시민이 전쟁 폐허 속에서 '희망꽃'을 피운 위트컴 장군을 기억하고 재조명하며 의리를 지킬 차례다.

Ⅰ
부산에 베푼 선행

Richard S. Whitcomb

1. 전쟁 폐허에 '희망꽃' 피운
위트컴 유엔군 부산군수기지사령관

1953년 11월 27일 오후 8시 30분 발화한 부산역전 대화재는 6·25전쟁으로 인한 폐허를 딛고 재건을 일구려는 부산 시민의 희망을 삼켜버렸다. 같은 해 1월 30일 일어난 국제시장 대화재에 따른 피해를 다 복구하지 못한 상태에서 엎친 데 덮친 격으로 대형 화재가 또다시 발생했다.

부산 중구 영주동 산비탈 피란민 판자촌에서 시작된 불은 당시 부산의 번화가였던 40계단, 동광동, 부산역(당시 중앙동 소재) 등지를 잿더미로 만들었다. 이 화재로 29명의 사상자가 발생했고 주택 332채가 전소됐다. 피해 규모는 현재 가치로 1조 8000억 원에 달하는 것으로 추산된다. 집을 잃은 6000여 세대 3만 명의 이재민은 추위와 배고픔에 떨어야만 했다.

이때 파란 눈의 구세주가 나타났다. 리차드 위트컴 유엔군 부산군수기지사령관이 미군 창고를 열어 이들에게 잠을 잘 천막과 먹을 것을 나눠줬다. 매일 2만 3100명이 먹을 수 있는 식량과 텐트, 의류, 침구류 등 군수물자를 긴급하게 지원했다. 장군은 화재 다음 날부터 곧바로 공병부대를 투입해 지역을 정리했고, 일반 장병들은 4만 명이 기거할 수 있는 임시 천막촌을 준비하도록 했다.

뿐만 아니라 장군은 12월 9일에 첫 번째 텐트촌을, 12월 10일에는 두 번째 텐트촌을 제공하겠다고 계획을 밝히면서 "이재민 중 누구라도 굶거나, 잠잘 곳, 진료받지 못하는 경우가 없을 것"이라고 확고한 의지를 밝혔다(1953년 12월 5일 자 〈성조지 태평양판(Pacific Stars & Stripes)〉). 위트컴 장군이 쳐준 천막에서 생활한 이종철 씨는 "천막촌에서 열심히 공부하고 꿈을 키워 대학교수가 됐다"고 고마움을 전했다.

1953년 11월 부산역전 대화재 이전 중앙로 모습. ©김한근

1953년 11월 부산역전 대화재 이후 중앙로 모습. ©김한근

1953년 11월 부산역전 대화재 이후 중앙로 모습 2. ©김한근

2. "전쟁은 총칼로 하는 것이 아니라, 그 나라 국민을 위하는 것이 진정한 승리"

위트컴 장군이 부산시민에게 베푼 선행으로 인해 고초를 겪었다. 위트컴 장군은 1953년 11월 부산역전 대화재 때 군법을 어기고 군수물자를 이재민에게 나눠줬다는 이유로 군법 회의에 회부되고 미국 의회 청문회에 불려갔다. 그는 청문회에서 "전쟁은 총칼로만 하는 것이 아니다. 그 나라 국민을 위하는 것이 진정한 승리(War is not done with sword nor the rifle. Genuine triumph is for the shake of the people in the country)"라고 말해 의원들의 기립박수와 함께 많은 구호금까지 받고서 다시 부산으로 돌아왔다.

러시아의 우크라이나 침공으로 전쟁이 벌어진 현시점에서 진정 무엇을 위해, 누구를 위해 전쟁을 하는지 되새겨봐야 할 대목이다.

부산역전 대화재 후 폐허로 변한 현장. ⓒ국제신문

1953년 11월 부산역전 대화재 이후 위트컴 장군이 부산 동광동에 이재민을 위한 천막촌을 마련했다. ⓒ강석환, 클리프

3. 문재인 대통령, 위트컴 장군의 부산 사랑 소개

문재인 전 대통령이 2021년 5월 21일(현지시간) 미국 순방 일정 가운데 하나로 워싱턴DC 한국전 참전기념비 공원에서 열린 한국전 전사자 추모의 벽 착공식에 참석해 한미동맹의 상징으로 리차드 위트컴 장군을 소개했다. 추모의 벽에는 한국전 전사자 4만 3764명의 이름이 새겨졌다. 위트컴 장군은 6·25전쟁 당시 부산에 소재한 미군 군수기지사령관(준장)으로 근무하면서 부산대 장전캠퍼스 조성과 메리놀병원 신축에 큰 역할을 했고, 전역 후에도 미국으로 돌아가지 않고 한국인 한묘숙 여사와 결혼해 한국에 살면서 재건사업을 도왔다.

문 전 대통령은 "위트컴 장군은 전쟁의 잿더미에서 일어서기 위해 온 힘을 기울였던 우리 국민의 손을 굳게 잡아주었다"며 "'전쟁은 총칼로만 하는 것이 아니다. 그 나라 국민을 위하는 것이 진정한 승리다'고 위트컴 장군이 미국 의회에서 발언했을 때 의원들은 기립박수를 보냈고 더 많은 구호물자와 자금을 결의했다"고 말했다. 그러면서 "한국인들에게 큰 감동을 주었던 위트컴 장군은 지금 나의 고향 부산에 있는 세계 유일의 UN기념공원에서 한국을 사랑했던 39명의 전우와 함께 잠들어 있다"고 했다. 문 전 대통령은 위트컴 장군 이야기를 통해 "참전용사의 피와 땀, 의회와 헌신으로 태동한 한

미동맹은 사람과 사람, 가치와 가치로 강하게 결속되며 발전해 왔다"는 메시지를 전했다.

국제신문

www.kookje.co.kr

2011년 6월 11일 토요일

전쟁폐허에 희망꽃 피웠던 부산 미군군수기지사령관

위트컴의 혼 깨운다

[illegible]

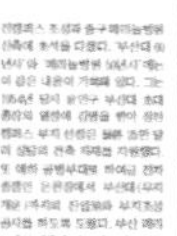

1953년 부산역전 대화재 때 군법 어겨가며 군수품 풀고 병원 짓는데도 물자 등 지원 한국인과 결혼·UN공원 안장 그의 삶 재조명 작업 활발

[illegible]

[illegible]

"등록금은 생존문제 반값 실현 그날까지…"

부산지역 대학생·시민단체 등 조건없는 등록금 인하 요구 전국에서 촛불 집회 잇따라

[illegible]

리차드 위트컴 장군과 그의 업적을 재조명한 국제신문 2011년 6월 11일 자 1면 보도

4. 이승만 대통령과 담판 벌여 부산대 50만 평 부지 제공에 결정적 역할

『부산대 60년사』와 『메리놀병원 50년사』에는 리차드 위트컴 부산 미군 부산군수기지사령관(준장)이 베푼 선행이 자세히 소개돼 있다.

위트컴 장군이 아니었다면, 국내 최고의 지방 국립거점대학인 지금의 부산대학교를 상상할 수도 없었을 것이다. 그는 경남도지사와 이승만 대통령을 설득해 장전캠퍼스 165만 ㎡(50만 평)를 무상으로 제공해 대학이 성장할 수 있는 터전을 닦았다.

1946년 9월 부산 서구 충무동에서 단과대학으로 개교한 부산대는 1953년 종합대학으로 승격했다. 그러나 종합대학에 걸맞은 캠퍼스 부지를 구하지 못해 애를 먹었다. 윤인구 부산대 초대 총장은 1954년 6월 8일 부산대를 찾은 위트컴 장군에게 부산대의 비전을 담은 그림을 보여주며 "부산대의 미래에 투자하라"고 말했다. 위트컴 장군은 흔쾌히 "캠퍼스 조성에 필요한 25만 달러 상당의 건축 자재를 미군대한원조(AFAK)를 통해 지원하겠다"고 약속했다. 부산대 김재호 전자공학과 교수는 "가난한 나라 지방대 총장과 세계 최고의 강대국 미국 장군의 아름답고 통 큰 '빅딜'"이라고 의미를 부여했다.

당시 전차와 버스 등 대중교통의 종점이었던 온천장(현재 부산은행 온천동지점 자리)에서 부산대 무지개 문까지 도로가 없어 학생들이 통학에 불편을 겪었다. 위트컴 장군의 지시로 미군 제434공병부대가 온천장~부산대 길이 1.6㎞의 진입도로를 닦았다.

1954년 부산대 효원교사(장전캠퍼스) 준공식에서 위트컴 장군이 첫 삽을 뜨고 있다. ⓒ부산대

부산대학교 장전캠퍼스 부지

위트컴 장군이 부대를 예방한 이승만 대통령에게 보고하고 있다.
ⓒ하버드대 피바디박물관

5. 장병 월급 1% 떼 메리놀병원 지원

메리놀수녀회는 1950년 4월 부산 중구 대청동 4가, 현 부산가톨릭센터 자리에 진료소를 열고 무료 진료를 했다. 부산 최초의 가톨릭 의료기관인 '메리놀수녀의원'은 질병으로 고통받는 가난한 환자들로 북새통을 이뤘다.

6·25전쟁이 끝난 뒤에도 부상자와 피란민이 밀려들면서 진료소의 입원 시설과 전문의료 인력이 턱없이 모자랐다. 이에 따라 병원 측은 위트컴 장군과 AFAK(미군대한원조)의 지원을 받아 지상 3층, 160병상 규모의 종합병원으로 증축하기로 했다. 1954년 7월 29일 기공식과 함께 공사에 들어갔다.

병원 신축이 공사비 부족으로 어려움을 겪자 위트컴 장군은 예하 미군 장병에게 월급의 1%를 공사비로 기부하게 하며 지원을 아끼지 않았다. 우여곡절 끝에 착공 8년 만인 1962년 11월 지금의 자리에 종합병원을 준공할 수 있었다.

1954년 7월 29일 부산 메리놀병원 신축 기공식이 위트컴 장군 등이 참석한 가운데 열리고 있다. ©강석환, 클리프

6. 갓 쓰고 한복 차림으로 시내 돌며 병원 건립기금 모금

위트컴 장군은 한국인보다 한국을 더 사랑한 선행이 곳곳에서 확인된다. 위트컴 장군을 재조명하는 데 앞장선 김재호 부산대 전자공학과 교수와 강석환 부산관광협회 부회장은 "전후 복구로 혼란스러웠던 1953, 1954년 그가 부산에 근무한 것 자체가 부산으로 봐서는 엄청난 행운"이라고 입을 모았다.

위트컴 장군은 주어진 미군대한원조(AFAK) 기금을 수동적으로 집행하는 차원을 넘어 부산 시민을 위한 일을 발 벗고 찾아다녔다. 기금이 부족하면 그는 예하 부대원의 월급 1%를 병원 신축 기금으로 헌금하도록 하는가 하면, 도움이 필요한 부산지역 기관과 미군 부대 간 후원 결연 등 갖은 아이디어를 동원했다.

병원 건립 기금이 모자라자 위트컴 장군은 한복 차림에 갓을 쓰고 부산 시내를 활보했다. 병원 건립 기금 모금 행사를 홍보하고 부산시민의 관심을 끌기 위해서였다. 그는 부산시민에게 도움이 된다면 사령관으로서 체면을 구기는 일도 마다하지 않았다. 이 이야기는 미국 격주간지 〈라이프(Life)〉 1954년 10월 25일 자에 보도되기도 했다.

그는 후원의 손길이 필요한 부산지역 기관과 88개 예하 부대가 자매결연을 하고 체계적으로 후원하도록 했다. 부대 규모가 크면 두 개 이상의 기관을 후원하도록 했다. 특히 그는 예하 부대원에게 "부산지역 기관을 돕기 위해 자원봉사를 하거나 안 입는 옷, 선물, 돈, 기타 물품을 기부하라"고 지시했다. 이 이야기는 미국 〈성조지(Stars and Stripes)〉 1954년 1월 13일 자에서 찾아볼 수 있다.

Gentleman of Korea

GENERAL WHITCOMB

When U.S. troops in the war-damaged port of Pusan staged a carnival to raise funds for a hospital and six clinics General Richard S. Whitcomb did his bit by showing up wearing the dress of a Korean gentleman: a white gown tied with a sash and a tapering stovepipe hat with a flying-saucer brim. He went to a stand and with an intent expression bought the right to throw balls trying to dunk the figure of a military policeman.

Artist Graham Sutherland, working on a portrait of Winston Churchill, is having a tough time. Churchill's rubbery face seldom stays still, he is always offering free advice and he changes the picture to suit himself.

New treaty in the East

Russia and Red China signed a treaty that, on the surface at least, seemed to strengthen ties between the two states. Under it the Russians promised to withdraw their troops from Port Arthur, withdraw from mixed Chinese-Russian companies in the area, lend China 520 million rubles (in purchasing power something

1954년 〈라이프〉에 소개된 한복 차림의 위트컴 장군

위트컴 장군이 부산 메리놀 병원 건립을 위해 한복을 입고 모금활동을 벌이고 있다. ©위트컴희망재단

7. 보리밭 출산 보고 조산소 설치

위트컴 장군은 1954년 영도구 피란민촌에 산원(産院·조산소)을 설치했다. 그해 5월 피란민촌을 둘러보던 그는 배부른 산모가 보리밭에서 아기를 낳는 장면을 목격하고 이같이 지시했다. 당시 피란민촌의 7, 8세대 40여 명의 가족이 하나의 대형 텐트 속에서 함께 생활해야 하는 천막 안에서는 아기를 낳기가 곤란했기 때문이다(부산 영도구청 〈신문으로 본 영도의 발자취〉). 그는 피란민촌 현장을 수시로 둘러보고 어려움과 불편함을 시정해주는 천사 같은 존재였다.

1951년 초 부산 동구 부산진역 뒷편 해안가에 줄지어 들어선 움막과 천막들. 전국 각지에서 몰려든 피란민들이 지은 것이다. ⓒ김한근

6·25전쟁 기간 부산 동천에서 빨래하는 풍경. 당시 시민은 대개 인근의 하천에서 빨래를 했다. ⓒ김한근

1951년 6월 한국전쟁 당시 부산 남구 감만동으로 피란와 있던 아이들의 천진난만한 표정. 참전 미군 병사가 촬영한 것이다. ©김한근

8. "위트컴 리더십은 종합예술, 하나님 선물"
AFAK를 활용한 복구 프로젝트

부산역전 대화재 재건 프로젝트는 위트컴 장군의 지휘 아래 체계적으로 진행됐다. 화재로 폐허가 된 부산의 도시 기능을 살린다는 장기적인 관점에서 해결책을 찾았다는 점에서 주목된다. 육군 5군수지원사령관을 지낸 박주홍 경북대학교 경상대학 교수는 "위트컴 장군은 화재로 인한 재해의 단순 복구 수준을 넘어 장기적으로 거주할 가옥 건설, 도시 기반시설 구축, 의료환경 개선, 학교 및 전쟁고아 지원 등 총체적으로 도시를 재건한다는 차원에서 접근했다"고 설명했다.

이를 위해 장군은 자신의 모든 노하우와 경험을 끌어모아 해결책을 고민했다. AFAK(Armed Forces Assistance to Korea, 미군대한원조)를 활용한 재건사업이다. AFAK는 부산역전 대화재를 극복하기 위한 묘책으로 위트컴 장군이 제안하고 8군 사령관 맥스웰 테일러 장군이 승인해 탄생했다. 미군의 기술력과 노동력을 직접 투입함으로써 군이 중심이 되어 북구 사업을 추진하는 방식이다. 당시 많은 양의 물자가 미군을 통해 공급됐고, 조직적으로 동원할 수 있는 인력도 군이 다른 조직보다 월등했기 때문에 가능했다.

이 프로그램은 AFAK 기금과 미군 및 한국군의 인력을 연계해 한국의 지역 행정기관을 집중적으로 지원하는 형태로 이루어졌다. 민간에서는 군이 지원하지 않는 자재와 기본 노동력을 제공했다. 이 프로그램의 본래 취지는 지역주민을 위한 소규모 개발사업을 하는 것이다. 위트컴 장군은 이를 도시 재건사업으로 대폭 확대했다. 1953년 11월부터 1958년 11월까지 총 600만 달러의 AFAK 예산이 투입됐는데, 1954년 6월까지 절반에 해당하는 300만 달러가 부산에 집중됐다. 부산역전 대화재 복구에 절반이 넘는 사업비가 집중됐다는 얘기다.

위트컴 장군은 재건활동을 전담하기 위해 별도의 조직인 PMP(Pusan Military Post)를 신속히 구성했고, 관련 기관의 협력을 끌어내기 위한 기구도 별도로 만들었다. 위트컴 장군은 191개 AFAK 사업을 진행했다. 그는 화재 복구를 위해 한미재단으로부터 1만5000달러의 지원을 받아냈다. 국가기록원에서 찾아낸 위트컴 장군이 수행한 주요 AFAK 사업을 보면 다음과 같다.

▶ 메리놀·침례·성분도·복음·독일적십자병원 등 병원 건립 지원

▶ 이재민을 위한 후생주택 건립(영도 208동, 동래 210동 등)

▶ 보육원과 요양원 건립

▶ 국제시장과 메리놀병원 주변 도로 개설

단순히 화재 피해지역에 대한 긴급공사가 아니라 부산 도시계획 전반을 염두에 두고 진행됐다고 할 수 있다. 그는 전쟁 이후 각종 질병에 노출된 아픈 이를 위한 병원 건립에 가장 주력했다. 덕분에 1950년대 중반부터 1960년대 초반까지 부산지역 의료시설은 전국 최고라는 평가를 받았다.

위트컴 장군이 1954년 말 8군사령부에 보고한 부산 재건 결과에 관한 마지막 보고서는 "1953년 11월 부산은 폐허가 됐고, 시민들은 좌절했다. 그러나 8개월이 지난 지금 주택은 건축되고, 길은 포장되어 있으며, 사람들은 성공할 수 있다는 자신감을 되찾고 있다"고 당시의 상황을 요약하고 있다.

박주홍 교수는 부산의 재건 과정에서 발휘한 위트컴 장군의 리더십을 '종합예술'이라고 표현한다. 박 교수는 "도시가 폐허로 변해버린 상황에서 걱정하거나 관망하기보다 가용한 모든 자원을 찾고, 이들을 통합해 최선의 결과를 얻을 수 있는 해결책에 집중했다. 여기에는 그동안 축적된 장군의 모든 경험과 지식이 총동원됐다. 위트컴의 리더십은 하나님이 주신 선물"이라고 평가했다.

sec file

Disasters

FILE COPY

30 April 1954

Brigadier General Richard S. Whitcomb
Commanding General
Pusan Military Post
APO 59

Dear General Whitcomb:

On receipt of your letter of April 14th, I asked that an investigation be made to determine the exact status of building materials available for sale in Pusan.

I have been informed that the first materials of a $4 million requisition are beginning to arrive in Korea and other arrivals will continue over a period of several months. The requisition was approved last December and contained such construction items as lumber, cement, nails, glass, electric wiring, steel sheets, etc. These materials are consigned to the ROK Office of Supply and will be offered for public sale by that agency. Naturally only a part of the items in this requisition will be sold in Pusan. However, if the demand is sufficient, ROK Office of Supply has authority to move any quantity to Pusan.

As of last week, the ROK Office of Supply had available the quantities of lumber, nails, glass and roofing paper indicated in the cable which you attached to your letter. 100,000 of the 260,000 board feet of lumber was recently sold to one purchaser. The Pusan branch of the ROK Office of Supply states that no representative from your office or the Pusan City Government has to date indicated a desire to purchase any of the building materials which that agency holds.

Headquarters KCAC, at the request of my office, has recommended to the Director, ROK Office of Supply (Seoul), that an additional 1 million board feet of lumber and 1,000 metric tons of cement be made available for sale to the City Government of Pusan for a limited period. I strongly urge that the proper city officials of Pusan deal directly with the Pusan Branch, ROK Office of Supply for needed construction materials.

The request by the Dae Yang Coal Industrial Company should be handled in the same manner as that recommended for the city of Pusan.

전후 복구를 위해 위트컴 장군이 요청한 공사 자재에 대해 설명하는 문서. ⓒ제5군수지원사령부

9. 위트컴 선행 지도

리차드 위트컴 부산 미군군수사령관의 혼은 부산 곳곳에서 살아 숨쉬고 있다. 부산은 장군의 제2의 고향이다. 장군과 부산 사람은 다른 사람의 어려움을 돕거나 억울함을 풀어주기 위해 자신을 희생하려는 의로운 마음, 의협심(義俠心)이 강하다는 공통점이 있다. 6·25전쟁이 한창이던 1951년 11월, 혹한이 예년보다 빨리 찾아오자 부산시가 피란민과 당시 잦은 화재로 집을 잃은 이주민에게 자기 집의 방 한 칸을 비워주는 운동에 나섰다.

국제신문 1951년 11월 13일 자 2면에는 '방(房) 없는 전재피난민(戰災避難民)에 낭보(郎報)'라는 제목의 기사가 실렸다. 정부가 겨울을 앞두고 요정, 여관, 음식점 같은 방 많은 집을 개방해 무주택 피란민을 수용하는 방안을 추진했지만, 방이 모자라 원하는 피란민 모두에게 제공할 수 없었다. 이에 부산시 사회과는 방을 구하지 못한 피란민, 이재민과 이들에게 방을 비워줄 시민 가정을 알선하는 운동을 전개했다. 시는 피란민에게 방세를 비싸게 받으면 100만 원 이하의 벌금 및 과태료를 부과하고 구류 처벌까지 한다고 밝혔다.

房없는 戰災避難民에 朗報

十一月內로 入住斡旋

料亭飮食店等의 開放進捗

茶값또引上

沐浴湯불騷動

各港의 受荷態勢

국제신문 1951년 11월 13일 자에 혹한을 앞두고 방 없는 6·25전쟁 피란민을 위해 부산 시민이 자신의 집 방 한 칸을 비워주는 운동을 전개한다는 내용의 기사가 실렸다.

부산시는 2012년 11월 1~3일 해운대구 벡스코에서 '치유의 인문학'을 주제로 열린 유네스코·교육과학기술부 주최 '2회 세계인문학포럼'에서 이 같은 부산 시민의 휴머니즘을 국내외에 알리고, 토론 소재로 활용하기도 했다.

장군은 전후 복구를 위한 미군대한원조처(AFAK) 기금을 수동적으로 집행하지 않고 부산시민의 편에서 발 벗고 찾아다녔다. 부산지역 역사연구가인 강석환 부산관광협회 부회장은 "위트컴 장군의 헌신적인 전후 복구 노력이 없었더라면 부산의 재건은 훨씬 더뎠을 것"이라며 "늦은 감은 있지만 이제라도 장군을 제대로 재조명하고 기억해야 한다"고 강조했다. 장군이 부산시민에게 베푼 선행을 지도로 정리했다.

■ 부산대 장전캠퍼스

부산대는 1946년 9월 부산 서구 충무동에서 단과대학으로 개교했고 1953년 종합대학으로 승격했으나 이에 걸맞은 캠퍼스 부지를 구하지 못해 애를 먹었다. 윤인구 초대 부산대 총장은 1954년 6월 8일 부산대를 찾은 위트컴 장군에게 종 모양의 캠퍼스 배치도를 그린 그림을 보여주며 "교육에 대한 내 꿈을 사 달라. 부산대의 미래에 투자하라"고 부탁했다. 윤 총장의 비전에 감동한 장군은 당시 경남지사와 이승만 대통령을 설득해서 50만 평의 장전동 부지를 확보하는 데 결정적 역할을 했다. 한술 더 떠 장군은 캠퍼스 조성에 필요한 25만 달러 상당의 건축 자재를 AFAK 사업을 통해 지원하는가 하면 당시 전차와 버스 등 대중교통의 종점인 온천장(현재 부산은행 온천동지점)과 부산대 무지개문을 연결하는 진입도로(길이 1.6㎞)를 미군 434 공병부대를 동원해 건설해줬다.

■ 메리놀·침례·성분도병원

그는 전쟁 후 각종 질병에 노출된 아픈 이를 위한 병원 건립에 주력했다. AFAK(미군대한원조) 프로그램으로 메리놀·침례·성분도·복음·독일적십자병원 등 각종 병원 건립을 지원했다. 병원 건립 기금이 모자라자 그는 한복 차림에 갓을 쓰고 부산 시내를 활보하며 거리 모금 캠페인을 벌였다. 그는 1950년 4월 메리놀수녀의원으로 출발한 메리놀병원의 신축을 돕기 위해 예하 부대원에게 월급의 1%를 공사비로 기부하게 했다. 메리놀병원은 우여곡절 끝에 착공 8년 만에 1962년 11월 종합병원으로 신축됐다. 1950년대 중반부터 1960년대 초반까지 부산지역 의료 수준이 전국 최고로 평가받는 데는 장군의 역할이 컸다.

■ 부산역전 대화재로 그을린 축대

부산역전 대화재 때 그을린 축대가 중구 동광동 영주동 보수동 일대에 남아 있다. 이들 축대에서 화재 열기에 돌이 달궈진 뒤 비바람에 식으면서 일부가 깨진 흔적을 확인할 수 있다. 부산역전 대화재의 최초 발화지로 지목되는 영주동 535 인근에는 일제 강점기 일본군이 미군의 공습을 피하려고 파놓은 지하 벙커 형태의 방공호와 4m 높이의 환기통이 남아 있다.

부산시민들이 부산역전 대화재 발생 1주년을 맞아 1954년 11월 장군을 기리며 세운 공덕비는 도시철도 1호선 중앙역 인근에 있었던 것으로 추정된다.

■ 영도 조산원

그는 1954년 6월 영도구 피란민촌을 시찰하던 중 만삭의 임산부가 보리밭에 들어가 아기를 낳는 장면을 목격하고 조산원을 설치했다. 피란민촌 천막에는 7, 8세대 40여 명이 집단 생활하는 터라 아기를 낳을 수 없는 여건이었다.

■ 양정동·청학동 이재민 주택

그는 AKAF(미군대한원조) 기금과 부산시비를 투입해 부산역전 대화재 이재민을 위한 주택을 양정동, 청학동, 동래 등에 지었다. 부산 미군군수사령부는 한국군 장병과 함께 양정동에 111세대 규모의 이재민 주택을 지었다. 이를 기념해 1954년 6월 3일 '부산시 화재 이재민주택 준공기념비'가 부산진구 양정2동 59의 6 도시철도 1호선 양정역에서 동의의료원으로 올라가는 길가 씨엔에프치킨가게 앞에 높이 178㎝의 첨두 피라미드 형태로 세워졌다.

■ UN기념공원·UN평화기념관

그는 '제2의 고향인 한국의 UN묘지에 묻어달라'는 유언을 남기고 1982년 7월 12일 숨졌다. UN기념공원에 묻힌 유일한 장성이기도 하다. 부인 한 여사가 2017년 1월 1일 별세한 뒤 이곳에 함께 잠들어 있다. 인근 UN평화기념관 2층에는 위트컴 장군 상설전시실이 2018년 7월 12일 문을 열었다. 장군의 가슴 따뜻한 인류애는 이곳을 찾는 시민과 교감하고 있다.

부산 중구 대청동 메리놀병원 신축 기공식

동광동 부산역전 대화재 때 그을린 축대

동광동 부산역전 대화재 이주민 천막촌

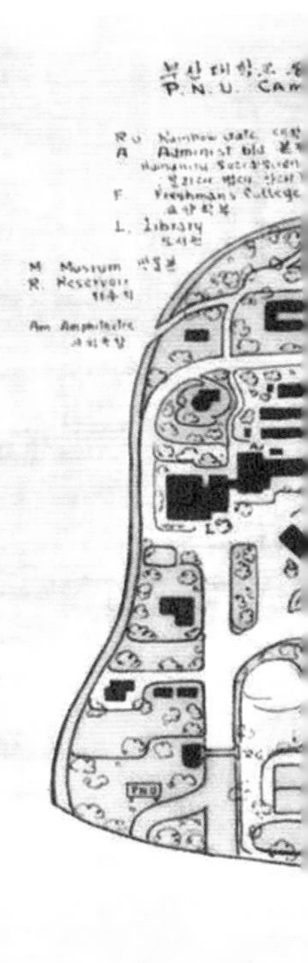

위트컴 장군 선행지도. ©국제신문

윤인구 총장이 그린
종모양의 장전캠퍼스

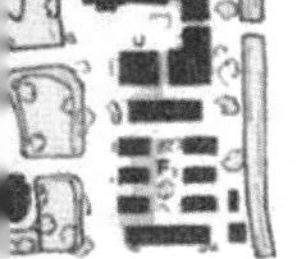

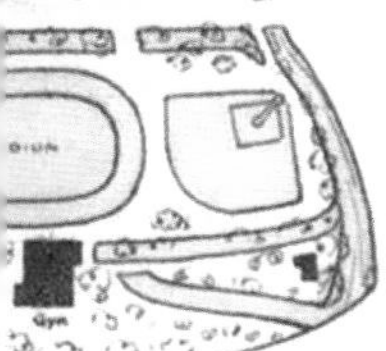

금정구 장전동

산진구 양정동

구 대연동

구 청학동

부산대 장전캠퍼스 기공식

UN기념공원 리차드 위트컴 장군 묘역

UN평화기념관 위트컴 장군 상설전시관

10. 윤인구 총장, 종(鐘) 모양 그림 1장으로 50만 평 부지 얻어

부산대 윤인구 초대 총장은 자신이 그린 종 모양의 장전동 캠퍼스 그림 한 장으로 위트컴 장군의 지원을 받아 50만 평의 장전동 캠퍼스 부지를 확보할 수 있었다.

위트컴 장군의 마음을 사로잡은 윤인구의 '그림'은 지금 봐도 신묘하다. '부산대 동래캠퍼스 평면도'라는 제목을 단 그림은 종 모양으로 설계돼 있다. 종 속에는 종의 추가 움직이는 형태로 대학 본관(현 인문관)과 무지개 문, 대학극장, 도서관, 운동장 등이 짜임새 있게 배치돼 있다. 상단에는 종 전체가 흔들릴 수 있게 고리를 달아 놓았다. 캠퍼스 그림을 그리면서 윤 총장은 동료에게 "이 거대한 종소리가 울리는 날 진리가 세계 끝까지 울려 퍼질 거야"라고 말했다.

윤 총장은 워트컴을 초청하기 전부터 그림(캠퍼스 배치도)을 준비하고 있었다. 그가 참고한 그림은 미국 프린스턴 대학에서 1929년 제작한 '캠퍼스 라이프 안내' 팸플릿이었다. 윤 총장은 1929~1930년 프린스턴 대학의 신학대학원에서 공부하며 그곳의 캠퍼스 분위기와 건물 배치 등을 눈여겨 봐뒀다.

목회자가 되고자 했던 윤인구의 교육에 대한 신념은 해방 직후인 1945년 11월 그가 경상남도 학무과장이 되면서 싹이

텄다. 그해 12월 윤 총장은 부산대학 창립안을 만들었고, 불가능에 가까운 일을 하나씩 처리했다.

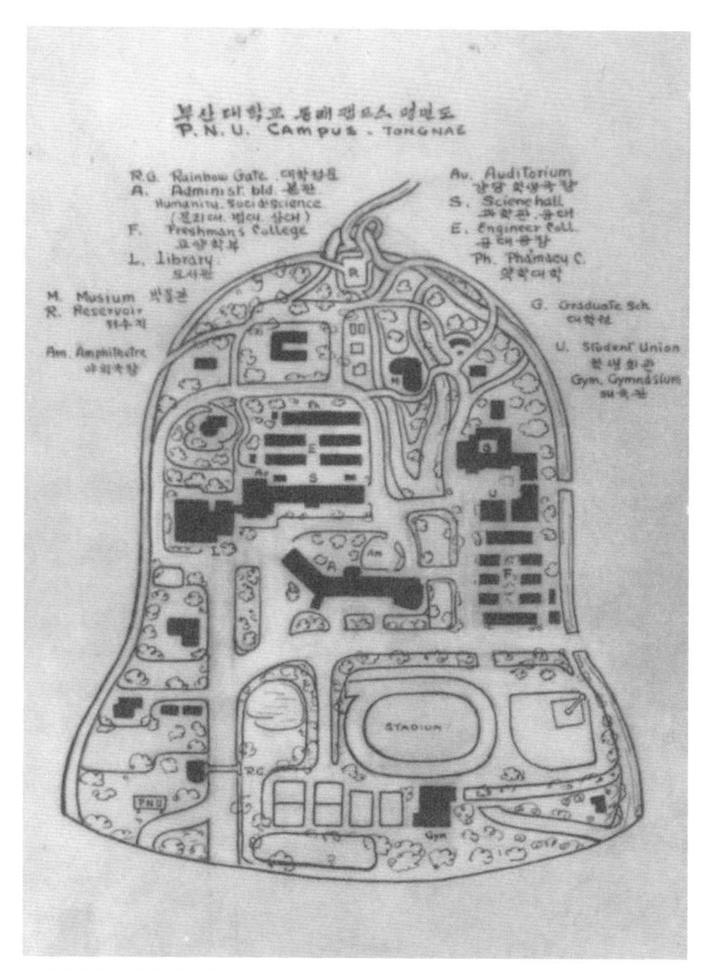

부산대 초대총장 윤인구가 그린 종 모양의 장전동 캠퍼스. ©김재호

1954년 10월 22일 부산대 공대 기공식에서 위트컴 장군과 윤 총장이 악수하고 있다. ⓒ김재호

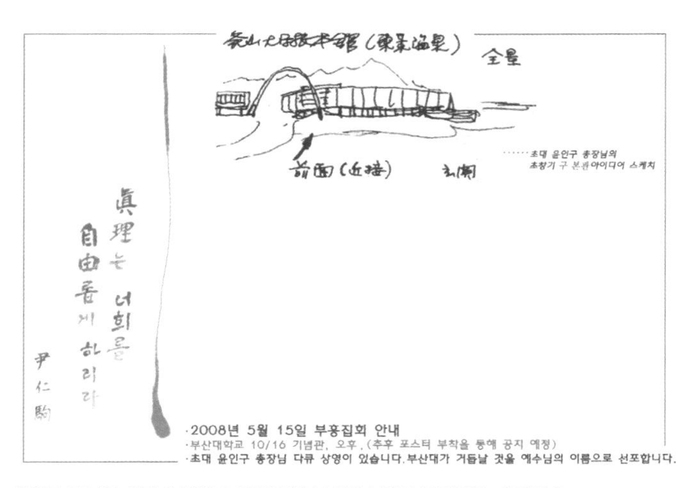

윤인구 부산대 초대 총장이 스케치한 옛 부산대 본관과 무지개문. ⓒ김재호

윤인구 총장의 청년 시절 모습. ©김재호

11. 기생집에서 술판 벌인다고 모함을 받다

윤인구 부산대 총장은 위트컴 장군의 도움으로 장전캠퍼스 부지를 확보했지만 예상치 못한 위기가 닥쳤다. 윤 총장이 건설비 일부를 유용해 온천장 기생집을 전전하며 술판을 벌이고 있다는 소문이 이승만 대통령 귀에 들어갔다. 부산대 건설 과정에서 일감을 수주하지 못한 건설업자들의 모함이었다. 정부에서는 부산에 몰래 감사관을 파견했다. 감사관들은 온천장 술집을 뒤지고 다녔지만 헛수고였다. 온천장 요정의 마담들은 "윤인구? 그 이름을 들었지만 얼굴을 전혀 본 적이 없다"고 했다.

감사관들은 수소문 끝에 대학 개발 현장에 있던 자그만 움막을 찾아갔다. 거기서 인부들과 캠퍼스 개발에 혼신의 힘을 다하며 노무자처럼 검게 그을린 윤 총장을 만났다. 윤 총장은 집에도 가지 않고 6개월간 움막에서 지내고 있었다. 감사관들은 감동했다. "이렇게 열심히 일하고 있는데 무슨 감사가 필요하냐?"고 입을 모았다. 이후 공사가 모두 끝날 때까지 감사가 없었다. 그것은 세상의 모든 의심과 무고를 일시에 소멸시킬 수 있는 헌신의 능력이었다.

윤 총장이 6개월간 움막에서 지낸 이유는 뭘까? 김재호 부산대 전자공학과 교수는 자신의 저서 『부흥의 우물』(아르카,

2018)에서 “그는 문교부 장관 자리를 거절하고 대학 건설 현장의 움막에서 6개월을 지내며 인부들과 함께 주먹밥을 먹으면서 땀을 흘렸다. 자기가 있어야 할 자리를 분명히 알고 있었다. 그는 모함받는 자리, 땀 흘리고 수고해야 하는 낮은 자리를 장관 자리보다 사랑했다. (…)풀 한 포기, 돌 하나에도 정성을 다하며 대학을 건설하려는 열정과 헌신의 마음, 가장 낮은 자리로 내려가는 종의 마음 때문”이라고 분석했다.

앞서 윤 총장은 이승만 대통령으로부터 문교부 장관 자리를 제안받았지만, 꾀병을 내어 거절했다. 윤 총장의 회고다. “1954년 이승만 대통령이 나를 찾는다고 했다. (…)그 이유는 나에게 문교부 장관 직을 맡기려는 것이었다. 우스운 이야기지만, 나는 꾀병을 앓다가(외국 출장 후) 대학에 돌아와서도 자리에 누웠다. 그래도 안 되어 서울에 올라가서 비서를 찾아 거절하는 말을 했더니, 그다음 날 다른 사람이 임명되었다. 나는 정치가나 관료가 될 생각은 없었다. (…)나로서는 대학 하나 완성하는 일이 필생의 사업이었다. 명예도 권력도 화려한 업적도 나와는 무관한 일이었다고나 할까.”

이처럼 부산대는 윤인구 총장의 헌신과 위트컴 장군의 도움을 자양분으로 삼아 뿌리를 튼튼하게 내릴 수 있었다.

1950년대 말 부산대 전경. 활 형태의 무지개 문과 본관 건물이 보인다. 윤인구의 꿈과 교육사상이 녹아든 건축물이다.

Ⅱ

위트컴 장군과 한묘숙 여사의 러브스토리

Richard S. Whitcomb

1. 31살 나이 차이 극복

위트컴 장군과 부인 한묘숙 여사의 러브스토리는 두 사람의 인생 못지않게 극적이고 감동적이다. 6·25전쟁 이후 전쟁고아를 위한 활동을 하면서 서로 알고 지내다가 1964년 결혼했다. 31살의 나이 차이를 극복하고 사랑을 이루었다.

한 여사는 남편 대신에 '우리 장군'이라는 호칭을 썼다. "(제가) 항상 한복을 입고 다녔는데 1964년 어느 날 장군이 양장을 하고 오라는 거예요. 양장하고 미국대사관에 갔는데 그날 결혼식을 올렸어요."

한 여사는 재혼이었다. 전 남편과 이혼한 뒤 미국에 유학을 가기 위해 관련 정보를 위트컴 장군에게 요청했다. "지금 생각해 보면 좋은 일과 나쁜 일은 없는 것 같아요. 그때 불행이 없었으면 장군과 결혼하지 못했을 거예요. 장군께서 전쟁고아를 위해 활동하는 저를 쭉 예쁘게 보신 것 같아요."

한 여사는 결혼 이후 친정 가족과 생이별했다. 당시로는 이혼이 드문 데다 외국인과의 재혼으로 가족들은 여사와의 연락을 끊었다. 가족들은 '노랑머리 아기가 나올 수 있다'며 반강제로 한 여사를 병원으로 데려가 자궁적출수술을 받게 했다. 두 사람 사이에 태어난 자녀는 없다. 위트컴 장군은 한 씨가 데려온 1남 1녀를 끔찍이 사랑했다. "딸이 미국 유학 중일

때 우리 장군은 매일 아침 일어나 딸에게 편지를 쓰는 것으로부터 일과를 시작했어요." 장군은 매일 밤 자기 전에는 손수건과 옷을 직접 빨아 빨랫줄에 널었다고 한다.

위트컴 장군과 한 여사 모두 부산과 각별한 인연이 있다. 위트컴 장군은 1953, 1954년 부산 미군군수기지사령관을 지냈고 부산 유엔기념공원에 잠들었다. 한 여사 역시 아버지 한석명의 직장 관계로 부산에서 4년간 살면서 부산고등여학교(현 부산여고)를 다녔다. 한석명은 경찰관 출신으로 부산 동래군수, 경남 하동군수 등을 지냈다.

한 여사의 친언니는 작고한 유명 여류소설가 한무숙 씨다. 한무숙 씨는 1948년 국제신문 장편소설 모집에 〈역사는 흐른다〉로 당선되면서 화가에서 소설가의 길을 걸었다.

위트컴 장군 묘역. ⓒ국제신문

남편인 리차드 위트컴 장군의 사진을 들고 있는 생전의 한묘숙 여사. ©국제신문

2. 위트컴 장군, 왜 귀국하지 않고 한국에 남았나?

1953년 11월 27일 부산역전 대화재로 집과 재산을 잃은 이재민에게 미군 군수 물자를 나눠주고 천막촌을 설치한 위트컴 장군은 준장으로 퇴역하고도 한국을 떠나지 않았다. 위트컴 장군은 민간 차원의 한국 재건과 부흥 원조를 목적으로 하는 한미재단을 주도적으로 만들어 전쟁고아를 위해 보육원을 설립하고 후원했다. 그래서 그는 '한국전쟁 고아의 아버지'라고 불린다. 위트컴 장군이 부인 한묘숙 여사를 만나 1964년 결혼한 것도, 한 여사가 충남 천안과 서울 한남동에서 고아원을 운영했고 위트컴 장군이 이를 후원한 게 인연이 됐다.

위트컴 장군과 부인 한 여사가 한평생 목을 매다시피 한 일이 있다. 1950년 장진호 전투에서 사망한 미군 해병대의 유골을 미국으로 가져오는 일. 저자는 2012년 6월 11일 한 여사를 서울 한남동 자택에서 만나 인터뷰했다. 위트컴 장군이 미국으로 귀국하지 않고 한국에 남은 까닭은 전쟁고아 돕기와 북한 내 미군 유해 발굴이 크게 작용한 것으로 보인다. 위트컴 장군은 이승만 대통령의 정치고문으로 경무대(현 청와대)에 근무하면서 백악관과 연락하는 업무를 맡았다.

한묘숙 여사가 2012년 6월 11일 서울 한남동 자택에서 남편인 위트컴 장군의 사진을 보고 있다. ©오상준

3. 위트컴 장군의 유언

1982년 7월 12일 위트컴 장군이 서울 용산 미8군 기지에서 심장마비로 사망할 당시 한 여사는 임종을 지키지 못했다. 미군 유해 발굴을 위해 중국 베이징에서 북한 측 인사와 접촉하고 있었기 때문이다. 한 여사는 "장군께서 돌아가실 때 '한국전쟁 때 죽어간 미군 유해를 꼭 고향으로 보내 달라' '제2의 고향인 부산 유엔기념공원에 묻어 달라'는 유언을 남겼다"고 말했다.

"언제가 장군은 북한 장진호에 수천 구의 미군 해병대 병사 유해가 있을 거라고 말씀하신 적이 있어요. 중공군에 밀려 남하하면서 거기서 얼어 죽었다는 거예요. 1990년대 초 제가 북한에 들어가 장진호 근처에 간 적이 있습니다. 북한 사람에게서 한국전쟁 당시 미군 병사들이 죽을 때 '마미(Mommy)'하고 외치더라는 증언을 들었어요. 북쪽 사람이 저에게 '마미'가 뭐냐고 물어 엄마라는 뜻이라고 대답해줬어요. '미국놈들이 오마니를 찾다가 죽어갔구나' 하더라고요. 장군의 유언이 사실임을 확인하는 순간 이역만리에서 엄마를 찾으며 죽어간 불쌍한 영혼을 생각하며 눈물을 흘렸어요."

1차 세계대전과 2차 세계대전 프랑스 노르망디 상륙작전에 참전한 군수물자 보급 전문가로 통하는 위트컴 장군은 장진호 전투에 직접 참전하지 않았다. 하지만 미국 현지에서 미 해병대 1사단의 군수품 보급에 간접적으로 관여했거나 다양한 경로로 장진호 전투 상황과 피해를 보고받고서 미군 유해 발굴을 일생의 과업으로 삼은 것으로 보인다.

■ 장진호 전투

1950년 11월 26일~12월 13일 영하 40도가 넘는 혹한 속에 미군 해병대 1개 사단 1만여 명과 중공군 7개 사단 12만여 명이 18일간 벌인 치열한 전투. 함경남도 개마고원 일대 장진호에서 미군 해병대 절반 이상이 전사한 것으로 알려졌다. 이 전투로 중공군의 남하는 2주간 지연됐고, 이렇게 번 시간을 이용해 피란민 등 20여만 명이 그 유명한 '흥남 철수'를 할 수 있었다.

리차드 위트컴 장군 부인 한묘숙 여사가 2011년 7월 12일 유엔기념공원에서 장군의 묘에 헌화하고 있다.

한묘숙 여사가 헌화 후 눈물 닦고 있다. ©국제신문

4. 한묘숙 여사 북한 25번 방문…
'마타하리' '이중 스파이' 오해도

한묘숙 여사는 미군 유해 발굴을 위한 정보를 수집하기 위해 1990년부터 25차례 북한을 방문했다. 남몰래 이런 활동을 하다 보니 '마타하리' '이중 스파이' '대북 로비스트' 같은 별의별 소리를 다 들었다. 한 여사는 북한에 들어가기 위해 1970년대부터 홍콩과 중국을 수백 번도 더 오가며 북한 측 인사와 만났다. 미군 장성 출신의 위트컴 장군은 대외적으로 알려져 직접 나설 수 없어 한 여사가 이런 활동을 대신했다. 위트컴 장군은 주 프랑스 미국대사관에서 무관으로 일할 때 사귄 중국 고위층을 소개해주며 측면 지원했다.

한 여사는 1989년 허담 북한 조국평화통일위원장의 초청장을 받아 1990년 6월 북한 땅을 처음 밟을 수 있었다. 첫 북한 방문에는 고초가 뒤따랐다. "당시 허담은 김신(백범 김구 선생 아들), 김복동(당시 노태우 대통령 처남), 저 이렇게 세 명을 초청했습니다. 김신은 김일성이 죽기 전에 꼭 한번 보고 싶다고 초청했어요. 둘은 안 간다고 해서 저만 들어갔어요. 김포공항에 내리자마자 국가안전기획부(현 국가정보원)에서 나와 저를 조사했습니다."

한 여사는 미국 시민권자인 데다 미군 장군의 미망인인 덕분에 사흘 만에 무사히 풀려났다. 한 여사는 북한에 갈 때마다 사재를 털어 의약품을 마련해 미군 유해 발굴과 송환을 타진했다. 1991년 11월 북한에서 주는 노력훈장을 받기도 했다. 미군 유해 발굴 성과는 별로 없었다. "탈북자나 조선족을 상대로 미군 유해에서 나오는 '도그태그(군번줄)'를 가져오면 500~1000달러를 줬어요. 군번줄 300여 개를 모았지만 전부 가짜였죠. 간혹 미군 유해라며 뼈를 들고 오는데 확인해 보면 소 뼈다귀였어요."

인터뷰 당시 한 여사는 집에 있는 위트컴 장군 사진을 쳐다보면서 "장군과 약속한 만큼 죽을 때까지 미군 유해 발굴을 계속하겠다"고 입술을 깨물었다.

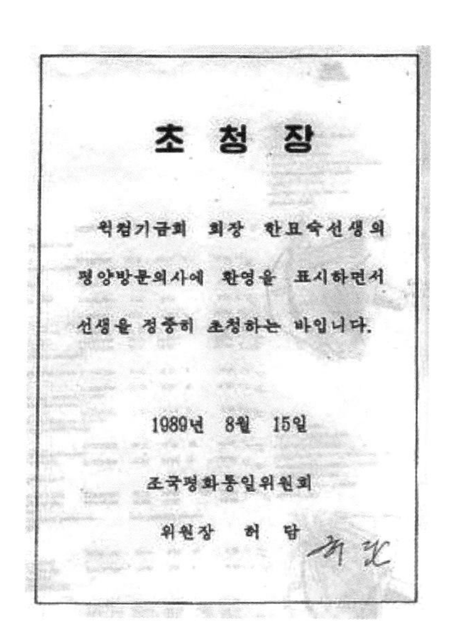

초 청 장

익첨기금회 회장 한묘숙선생의

평양방문의사에 환영을 표시하면서

선생을 정중히 초청하는 바입니다.

1989년 8월 15일

조국평화통일위원회

위원장 허 담

1989년 북한 허담 조국평화통일위원장이 한묘숙 여사에게 보낸 초청장. 안기부에 원본은 빼앗겼지만 한 여사는 복사해놓았다.

훈 장 증

번호 1413

성명 한 묘 숙

1927 년 10 월 1 일생

출생지 경상남도 부산시

주 소 미국 로스안젤스 노워크

소속, 직무 미국 해부 무역 주식회사 고 문

훈장명	급수	번호	정령년월일	증인
로력훈장			1991. 11. 13	

조선민주주의인민공화국
중앙인민위원회
1991 년 [illegible] 14 일

한묘숙 여사가 1991년 북한 정부로부터 받은 노력훈장 ©오상준

5. '부산대 마더' 한묘숙 여사 별세

정부와 경남도지사를 설득해 부산대 장전캠퍼스 부지 확보에 도움을 준 위트컴 장군의 부인 한묘숙 여사(위트컴희망재단 이사장)가 2017년 1월 1일 밤 9시 별세했다. 향년 90세.

부산대는 위트컴 장군과 한 여사의 공적을 기리기 위해 한 여사의 장례를 부산대학교장(葬)으로 거행했다. 발인은 4일 오전 8시 30분. 장례위원장은 당시 전호환 총장(현 동명대 총장)이 맡았다. 부산대는 빈소를 양산부산대학교병원 장례식장에 마련하고, 분향소를 장전캠퍼스 대학본부동 1층에 설치할 정도로 한 여사의 장례를 극진히 준비했다.

한 여사는 부산대 10·16기념관에서 거행되는 영결식을 끝으로 유엔기념공원(유엔묘지) 내 위트컴 장군 옆에 안장됐다. 한 여사가 남편 위트컴 장군과 함께 묻힐 수 있었던 것은 위트컴희망재단 관계자들이 한 여사가 돌아가시면 유엔기념공원에 위트컴 장군과 합장될 수 있게 해달라는 안건을 2016년 10월 24일 열린 유엔공원관리위원회(UNMCK)에 제안해 승인받았기 때문에 가능했다.

당시 부산대 전호환 총장은 "부산대의 오늘이 있기까지 윤인구 초대 총장과 함께 가장 잊어서는 안 될 고마운 사람이 위트컴 장군 부부"라면서 "은혜에 조금이나마 보답하는 마음에서 부산대학교장으로 장례를 치르기로 했다"고 말했다.

2017년 1월 4일 부산 남구 유엔기념공원 내 전 유엔군 부산군수사령관 리차드 위트컴 장군 묘역에서 장군의 부인인 고 한묘숙 여사의 안장식이 열리고 있다. ⓒ국제신문

한묘숙 여사 안장식에서 위트컴 장군과 한묘숙 여사의 딸인 민태정 위트컴 희망재단 이사장이 유골함을 묻고 있다. ©국제신문

6. 전호환 부산대 총장 추모사
–'부산대 마더' 한묘숙 여사를 추모하며

국제신문 2017년 1월 9일 29면 게재

뿌리 없는 나무가 있는가. 한평생 전쟁고아 보호와 미군 유해 반환 활동에 헌신하신 한묘숙 여사가 지난 1일 소천하셨다. 향년 90세. 여사의 남편은 지금의 부산대 장전동 캠퍼스 부지 마련에 큰 도움을 줬던 리차드 위트컴(1894~1982) 전 유엔군 부산군수사령관이다. 지난 4일 부산대학교장으로 여사의 영결식을 치르고 유엔기념 공원묘지에 영면하고 계신 남편 옆에 유해를 모셨다.

한 여사와 나의 첫 만남은 2013년 11월로 그리 오래되지 않았다. 부산대 초대총장 윤인구 박사(1903~1986) 탄생 110주년 기념행사의 일환으로 우리 대학은 여사를 처음으로 초대해 '60년 만의 감사 음악회'를 열어 드렸다.

아주 작은 키에 선하고 앳된 소녀 같은 얼굴을 가진 전형적인 한국의 여인상이었다. 연거푸 고맙다는 말씀만 되풀이하셨다. 이후 서울 출장길에 몇 번 여사를 찾았다. 1·2차 세계대전의 노르망디 상륙작전에 참전했던 미국 장군 미망인의 거처치고는 너무 작은 아파트에 혼자 살고 계셨다. 내가 내려고 하는 밥값은 절대 허락하지 않았다. 웃음은 없었지만 맑은 눈

동자로 한국과 부산의 현대사 단편을 또박또박 힘주어 말씀해 주셨다.

1953년 11월 27일 발생한 부산역 대화재. 29명이 죽고 불탄 집이 6000여 가구에 이재민이 3만 명이 넘은 대재앙이었다. 당시 유엔군 부산군수사령관이었던 위트컴 장군은 군수물자를 풀어 천막을 짓고 입을 것과 먹을 것을 나누어 준다. 군법을 어긴 것이다. 장군은 미국 본국의 청문회까지 불려가 질책을 당하는 위기에 처했다. 하지만 장군은 "전쟁은 총칼로만 승리하는 게 아니다. 그 나라 국민을 위하는 것이 진정한 승리다"는 명언을 남기며 오히려 미국 의원들의 기립박수와 함께 더 많은 구호물자를 가지고 부산으로 돌아왔다고 한다. 부산 시민은 장군을 위해 송덕비를 세웠다. 하지만 정확한 장소는 모른 채 사진만 남아 있다.

부산대와의 인연은 이렇다. 해방 직후 국내 최초의 종합 국립대학으로 출범한 부산대가 캠퍼스 부지가 없었다. 1954년 윤인구 초대 총장은 종 모양으로 그린 캠퍼스 배치도 한 장을 들고 위트컴 장군을 찾아가 "교육에 대한 내 꿈을 사 달라"고 부탁한다. 감동받은 장군은 당시 이승만 대통령을 설득해서 50만여 평의 장전동 적산 부지를 확보하는 데 결정적 기여를 했다. 또 한국민사원조처(KCAC) 프로그램을 통해 학교시설 공사를 하도록 도왔고, 미 공병부대를 동원해 온천동과 부산대를 연결하는 도로도 놓아 준다.

1954년 어느 날 장군은 난민촌 부근 보리밭에서 여성의 비명을 듣는다. 급히 가보니 한 여성이 혼자 아이를 낳고 있었다. 이를 목격한 장군은 의료시설 보급이 절실하다고 여겨 지금의 부산 메리놀병원 건립에 앞장선다. 부대원의 월급을 1%씩 기부하도록 했고, 직접 갓을 쓰고 한복을 입고서 거리 모금 캠페인까지 벌인다. 이것만이 아니다. 예편 후 장군은 미국으로 돌아가지 않고 한국에 남아 전쟁고아를 돌보는 고아원을 짓고 후원하는 사회사업을 선택했다.

당시 한묘숙 여사는 우리나라 최초의 아동보육시설 법인 익선원(益善院)을 설립, 전쟁고아를 보살피는 나눔과 헌신의 삶을 살고 있었다. 위트컴 장군과의 만남은 익선원을 방문하고 도우면서 시작되어 부부의 연으로 이어졌다고 한다. 여사는 명망 가문의 딸이었다. 언니가 1993년 작고한 여성 소설가 한무숙 씨, 동생 역시 가야금 명인 황병기의 아내인 소설가 한말숙 씨다. 아버지의 직장을 따라 부산으로 내려와 부산여고에 입학하고 서울로 전학했다.

장군의 마지막 사명은 1950년 겨울 개마고원 장진호 전투에서 몰살당한 수천여 명의 젊은 미군 병사의 유해를 찾아 미국으로 송환하는 것이었다. 그러나 장군은 그 꿈을 다 이루지 못하고 1982년 서울에서 돌아가신다. 고인의 유언에 따라 유엔기념공원 묘지에 묻힌 유일한 미군 장성이다. 운명 당시 한 여사는 미군 유해 송환 협상을 위해 중국을 방문 중이었다. 그 이후 여사는 남편의 유지를 받들기 위해 '위트컴 희망재단'을 설립하고 북한을 25차례나 방문했다.

여사의 침대 옆에는 장군의 사진이 놓여 있었다. 결혼 후에도 장군은 미군 장교의 원칙을 지키며 속내의 빨래는 손수 하셨다고 한다. '한국인보다 부산과 한국을 더 사랑한 휴머니스트 장군 옆에 묻히는 것이 희망'이라고 하셨던 여사의 마지막 말씀이 생각난다.

파란 눈의 휴머니스트와 그와 뜻을 함께한 부산의 마더를 위해 우리는 무엇을 해야 하나. 뿌리를 잊은 나무가 하늘을 향해 무성한 꽃잎을 피울 수 있을까. 고인의 명복을 빈다.

III

남아 있는 흔적 재조명

Richard S. Whitcomb

1. 사라진 공덕비를 찾아라

1953년 11월 27일 부산역전 대화재로 하루아침에 집을 잃은 부산시민들을 위해 위트컴 장군이 군수물자를 나눠주고 천막촌을 직접 지어줬다. 그가 베푼 선행에 도움을 받은 부산시민들은 부산역전 대화재가 발생한 지 1주년을 맞아 1954년(단기 4287년) 11월 그를 기리는 공덕비를 세웠다. 부산시민들은 공덕비에 '위트컴 장군은 우리 화재민을 위하여 이곳에 학교, 산원, 교회를 짓도록 후원하여 주었다. 우리는 영원히 그 공적을 찬양하는 바이다'는 글을 새겼다.

안타깝게도 위트컴 공덕비는 사진만 남아 있을 뿐 비석 존재 여부와 위치는 확인되지 않고 있다. 위트컴 장군 재조명 작업을 벌여온 김재호 부산대 전자공학과 교수와 강석환 부산관광협회 부회장은 "위트컴 공덕비가 어디에, 어떻게 세워졌는지를 조사하고, 시민 공감대를 전제로 필요하다면 다시 세워야 한다"고 강조한다.

1962년 11월 완공된 부산 중구 대청동 메리놀병원의 애초 명칭은 '주한미군기념 메리놀수녀병원'이라는 사실을 아는 부산시민은 거의 없다. 진료소 수준의 '메리놀수녀의원'이 종합병원으로 거듭나면서 이름을 바꾼 것. 병원 신축이 공사비 부족으로 어려움을 겪자 위트컴 장군이 예하 미군 장병에게 월급의 1%를 공사비로 기부하게 해서 공사에 도움을 준 일과 무관하지 않다.

한때 메리놀병원 앞에서 국제시장과 코모도호텔로 이어지는 길이 '유엔로'로 불렸다. 이 때문에 현재 중구로(옛 유엔로)를 위트컴 장군을 기억하는 공간으로 재정비할 필요가 있다는 의견이 나오고 있다.

김재호 교수는 부산대 문화콘텐츠개발원장 보직을 맡았을 당시 부산대 장전캠퍼스 조성에 결정적인 도움을 준 위트컴 장군에 관한 다큐멘터리를 제작하고, 유튜브에 올려 미국을 비롯한 전 세계에 그의 휴머니즘을 널리 알렸다. 김 교수는 "다큐멘터리를 제작하는 것이 그에 대한 고마움을 나타내는 최소한의 도리라고 생각한다"며 "나아가 대학 안에 위트컴 기념공원을 조성하는 등 그를 기억하기 위한 다양한 방법을 고민하고 있다"고 말했다.

부산역전 대화재 이주민들이 위트컴 장군의 은혜를 기리기 위해 세운 공덕비. ⓒ김재호

2. "공덕비, 부산도시철도 중앙역 인근에 있었다"

위트컴 장군의 선행에 도움을 받은 부산 시민이 부산역전 대화재 발생 1주년을 맞아 1954년 11월 그를 기리며 세운 공덕비는 그동안 사진만 있을 뿐 비석 존재 여부와 위치는 확인되지 않았지만, 공덕비 위치를 아는 사람이 나타났다. 임종태 문성인쇄사(중구 중앙동 4가) 대표는 "현재 부산도시철도 1호선 중앙역 14번 출구 인근 외환은행과 정석빌딩 사이, 당시 전차역 전차선 안쪽 역전파출소 인근에 위트컴 장군 공덕비가 있었다"고 비석 위치를 정확하게 기억했다.

부산역전 대화재 때 불탔던 40계단을 비롯한 동광동, 영주동, 보수동 일대에는 아직 화재에 그을린 축대 등 그 당시의 흔적이 남아 있는 것으로 확인됐다. 국제신문 취재팀이 2011년 11월 22일 위트컴추모사업회 관계자, 박맹언 부경대 지질학과 교수와 함께 중구 중앙동 40계단 뒤쪽 축대 등 부산역전 대화재 흔적을 둘러봤다. 박 교수는 "화재 열기에 돌이 달궈진 뒤 비바람에 식으면서 깨진 것으로 보인다"고 말했다. 이에 따라 화재의 흔적이 남아 있는 곳을 추가로 조사하고 발굴해 관광자원으로 활용할 필요가 있다.

부산역전 대화재의 최초 발화지로 지목되는 영주동 535 인근에는 일제 강점기 일본군이 미군의 공습을 피하려고 파놓은 지하 벙커 형태의 방공호와 4m 높이의 환기통이 아직 남아 있었다. 이영근 전 동광동장은 "메리놀병원 위쪽에 방공호가 3곳 있었는데, 이곳에는 해방 후 귀환동포와 6·25 전쟁 이후 피란민 수십 세대가 살았다"고 전했다.

2012년 11월 부경대 박맹언(지질학) 교수가 부산 중구 동광동 40계단 뒤편 축대에서 부산역전 대화재의 흔적을 조사하고 있다. ©국제신문

3. 부산 유엔평화기념관에 '위트컴 장군 상설전시실' 개관

6·25전쟁으로 폐허가 된 대한민국을 재건하는 데 앞장섰고 죽어서도 유엔기념공원에 묻힌 리차드 위트컴 장군의 뜻을 기리고 재조명하는 움직임이 확산되고 있다.

유엔평화기념관은 장군의 36주기 추모일인 2018년 7월 12일 오후 1시 부산 남구 대연동 기념관 2층에서 '위트컴 장군 상설전시실'을 개관했다. 그동안 위트컴 장군은 1층 4D 영상관에서 한시적인 특별기획전 형태로 전시됐다.

앞서 오전 11시 유엔기념공원 위트컴 장군 묘역에서 추모식이 열렸다. 추모식에는 장군의 딸인 민태정 위트컴희망재단 이사장, 정권섭 위트컴추모사업회장, 전호환 부산대 총장, 민병원 부산보훈청장, 박주홍 육군 제5군수지원사령관, 박종왕 유엔평화기념관장 등 70여 명이 참석했다.

강석환 위트컴장군추모사업회 부회장은 6·25전쟁 당시 부산에 있는 미군 제44기 공병여단에 근무한 미국인 클리포드 스트로버스(클리프) 씨가 찍은 사진을 엮어 만든 사진집 『컬러로 만나는 1954년 코리아』(두모문화산업, 2018) 개정판을 최근 내면서 위트컴 장군을 소개하는 12쪽 분량의 별책부록을 수록했다.

2018년 7월 12일 부산 유엔평화기념관에 위트컴 상설 전시실이 문을 열었다.

민태정(왼쪽 네 번째) 위트컴 희망재단 이사장 등 참석자들이 2018년 7월 12일 부산 유엔평화기념관에서 열린 '리처드 위트컴 장군 상설전시실' 개관식에 참석해 리본 커팅을 하고 있다. ©유엔평화기념관

4. 대구 육군 제5군수지원사령부, 위트컴 장군실 개관

대구 육군 제5군수지원사령부는 6·25전쟁과 대한민국 재건을 위해 헌신한 위트컴 장군의 뜻을 기리기 위한 '위트컴 장군실'을 2017년 12월 29일 개관했다. 개관식에는 장군의 딸인 민태정 위트컴희망재단 이사장, 부산대 최병호 교육부총장·김재호 교수·윤학자 명예교수, 미국 8군 부사령관 데블릭 소장, 주한 미군 19지원사령부 참모장 커렌 대령, 위트컴장군추모사업회 강석환 부회장 등이 참석했다.

이 부대는 6·25전쟁 당시 미군 제2 군수사령관으로 활약했던 위트컴 장군의 군수 분야 업적과 대한민국 국민을 위해 평생을 헌신한 희생정신을 기리고 부대 표상으로 계승·발전하자는 취지에서 '위트컴 장군실'을 마련했다. '위트컴 장군실'은 장군의 공적, 제1·2차 세계대전과 6·25전쟁 참전 등 군수 전문가로서의 활약상과 1953년 11월 부산역전 대화재 때 군수물자 제공, 전쟁고아를 위한 고아원 설립 등 대한민국을 위해 헌신한 장군의 일대기가 스토리텔링 형식으로 꾸며졌다.

위트컴 장군은 1894년 미국 캔자스에서 태어나 제1, 2차 세계대전에 참전했으며, 노르망디 상륙작전 때 군수 지원으로 프랑스 최고 제1무공훈장을 받았다. 6·25전쟁 때는 미군 제2군수사령관으로 부임해 유엔군에 대한 군수 지원과 국군의 전략 증강에 이바지했다. 퇴역한 뒤에는 우리나라의 수많은 전쟁고아를 돌보고 학교와 병원을 건립하는 등 우리나라의 재건을 위해 평생을 헌신했다.

행사를 주관한 박주홍 5군수지원사령관은 "노르망디 상륙작전, 기지 건설, 6·25전쟁 등 위트컴 장군이 보여준 군수 분야의 전문성과 함께 폐허가 된 국가 국민의 재건을 위해 헌신한 그의 발자취는 우리 부대원에게 큰 감동과 가르침을 주고 있다"고 말했다. 이에 민태정 위트컴희망재단 이사장은 "오래 세월이 흘러 잊혀가던 아버지를 기억해주고 롤모델화해 위트컴 장군실을 만든 부대에 감사의 마음을 전한다"며 "아버지의 숭고한 뜻이 대한민국에 널리 알려졌으면 한다"고 소감을 밝혔다.

2017년 12월 29일 대구 제5군수지원사령부에 문을 연 '위트컴 장군실'. ©제5군수지원사령부

대구 육군 제5군수지원사령부가 2017년 12월 29일 6·25전쟁과 대한민국 재건을 위해 헌신한 리차드 위트컴 장군실을 개관한 뒤 기념촬영을 하고 있다. ©제5군수지원사령부

5. 양정 이재민주택 준공기념비 59년 만에 재조명

1953년 11월 27일 부산역전 대화재 이재민을 위해 당시 리차드 위트컴 유엔군 부산군수사령관이 조성한 양정 이재민 주택 준공기념비가 2013년 6월 59년 만에 재조명됐다.

부산진구 양정2동 59의 6 도시철도 1호선 양정역에서 동의의료원으로 올라가는 길의 씨엔에프치킨 앞에 높이 178㎝의 첨두 피라미드형 기념비가 서 있다. 안타깝게도 그동안 이 비석의 유래를 정확하게 기억하는 이는 없었다. 심지어 부산진구청이 2010년 11월 발간한 향토지 『내사랑 부산진, 그 세월의 흔적을 찾아』에는 "당시 지어진 주택이 몇 채 정도이고, 어떤 형태로 건립되었는지는 확실치가 않다"고 적혀 있다. 30년 전부터 이곳에서 통닭집을 운영해온 김용규 씨엔에프치킨 사장은 "이 일대가 비석거리로 불렸는데 왜 그렇게 부르는지 몰랐다"고 말했다.

저자가 부산관광협회 강석환 부회장과 함께 국가기록원 자료를 확인한 결과, 부산군수사령부가 210공병대 등 한국군 장병과 함께 부산역전 대화재로 생긴 이주민을 위해 미군대한원조(AFAK) 자금과 시비 등 9만 1177달러로 양정에 111세대 규모의 이재민 주택을 지었고 이를 기념해 1954년 6월 3일 '부산시 화재 이재민주택 준공기념비'를 세운 것으로 밝혀졌다. 부산군수사령부는 영도에도 이재민주택 109채를 건립했다.

이 기념비는 양정3구역 재개발지역에 포함돼 있어 철거 위기에 놓였다. 양정3구역 주택재개발조합 최성우 조합장은 "이 기념비의 가치를 알게 된 이상 재개발지역 안에 조성할 공원에 옮겨 역사공원으로 명명하고 인근 송상현 광장과 연계해 부산의 기억자산으로 가꾸겠다"고 말했다.

강석환 부산관광협회 부회장이 2013년 6월 5일 부산진구 양정2동 '부산시 화재 이재민 주택 준공기념비'를 가리키고 있다. ©오상준

6. 1950년대 화재에 취약한 부산은 '불산'

1950년대 6·25전쟁 이후 부산은 화재의 도시로 악명을 떨쳤다. 전국팔도의 피란민이 부산의 산마다 꼭대기까지 판자촌을 형성하면서 화재에 속수무책이었다. 부산에 몰려든 피란민 수는 부산에 살던 인구와 맞먹었다. 1949년 47만 명이던 부산 인구는 1951년 84만 명에 달했고, 1955년에는 100만 명을 돌파했다. 불과 몇 년 만에 인구가 2배로 늘어났다.

이 같은 구조적 이유로 당시 불이 나면 대형 화재로 번질 수밖에 없었다. 1953년 11월 부산역전 대화재도 영주동에서 발화한 화재는 바람을 타고 동광동, 중앙동, 대청로 일대로 번

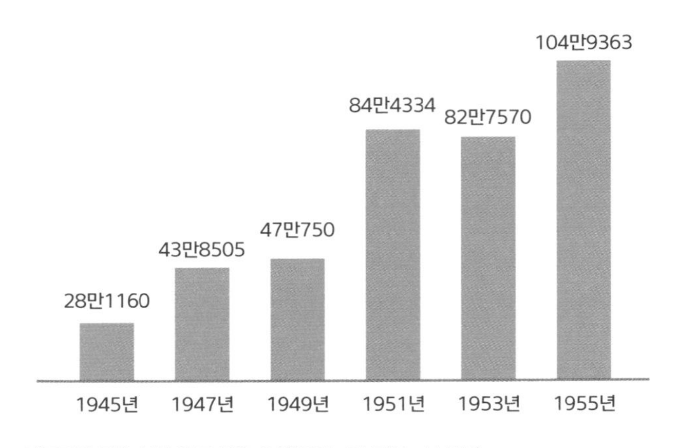

한국전쟁 전후 부산 인구 변화 추이(단위 : 명, 자료 : 부산시)

졌다. 이영근 전 부산 중구 동광동장은 "당시 비가 새지 않도록 미군의 기름종이로 만든 판자집 지붕은 강풍에 날려 둥둥 떠다니며 불쏘시개 역할을 했다"고 말했다.

당시 화재에 취약한 부산은 '불산'으로 불렸다. 일각에서는 부산의 '釜'자가 가마솥이라는 뜻으로, 불이 잘나므로 부자 '富'자로 바꿔야 한다는 주장도 나왔다. 대형 화재가 잇따르자 불안한 부산시민은 경남지사, 부산시장에게 몰려가 대책을 세워달라고 항의했다. "비가 안 오면 기우제라도 지내는데 도대체 뭐 하느냐"고 말이다.

급기야 부산지역 기관장들이 모여 1955년 정월 대보름에 맞춰 용두산공원 부산타워 뒤편 야산에 화재예방비를 세웠다. 주경업 향토사학자는 "화재예방비는 가운데 불 화(火)자 주변에 물 수(水)자 4개가 동서남북으로 에워싸고 있는 형태"라며 "당시 기관장들이 오죽 답답했으면 이런 걸 만들었을까 이해가 된다"고 설명했다.

용두산공원 화재예방비석. ⓒ국제신문

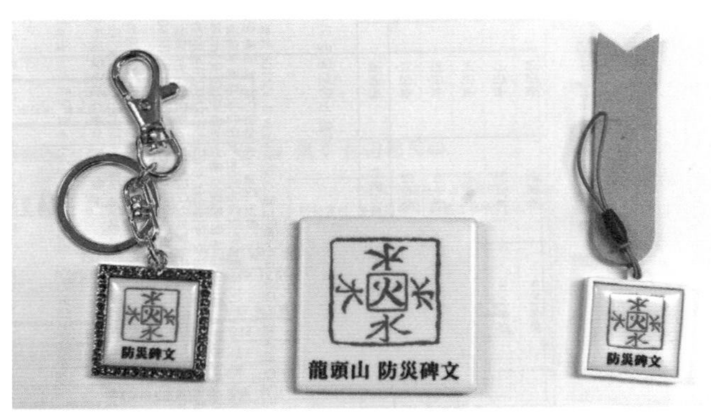

부산 용두산공원 부산타워 두모C&C는 용두산공원 화재예방비석을 본뜬 관광기념품 3종(휴대전화고리, 열쇠고리, 자석)을 개발해 출시했다. ⓒ강석환

7. 윤정규 소설 『불타는 화염』에 기록된 부산역전 대화재

1953년 부산역전 대화재는 1950년대 전후 부산의 시대상을 반영하는 아이콘이다. 작고한 원로 소설가 윤정규 선생의 소설집 『불타는 화염』(일월서각, 1979)에 보면 부산역전 대화재가 묘사돼 있다.

> '1953년 11월 27일 하오 8시 30분경 발화한 화재가 모든 것을 삼켜버린 것이다. 불은 영주동 산비탈 판잣집에서 일어났다. 그 불길이 장장 열네 시간 동안 번지고 번져, 부산 번화가였던 40계단 부근과 동광동, 부산역 등을 잿더미로 만들었다. 불가항력의 화재가 아니었다. 당시 경찰국장이었던 김모가 산비탈의 판잣집을 소탕할 좋은 기회랍시고 소방관들로 하여금 진화 작업을 중단하게 했고, 그 사이에 불은 바람을 타고 진화가 불가능한 대화재로 커져버린 것이다. 폐허가 된 부산은 좀처럼 재건되지 않았다'.
>
> –윤정규 『불타는 화염』 263쪽

위트컴 장군이 지어준 천막촌에서 생활한 이종철 씨는 "하늘이 온통 시커멓고 불이 사방을 둥둥 떠다녀 불안에 떨었다"며 "천막 안에는 군대 내무반처럼 가운데 통로를 두고 양쪽으로 세 가구씩 여섯 가구 수십 명이 함께 생활했다"고 기억했다.

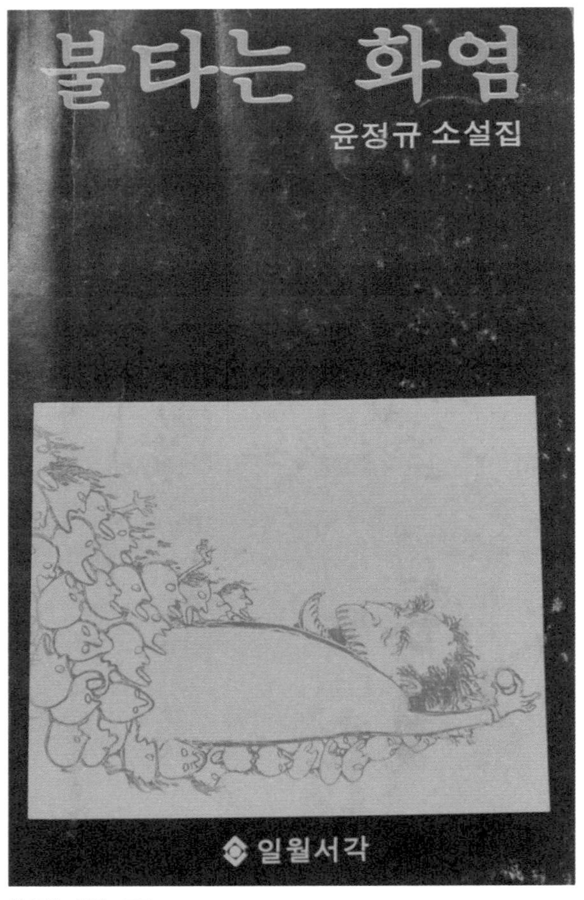

『불타는 화염』 표지

8. 부산 중구, 옛 부산역 터에 부산역전 대화재 표지석 설치

'1953 부산역전 대화재를 기억하고 리차드 위트컴 장군을 추모하다'.

부산 중구는 2018년 12월 24일 옛 부산역 터(부산 중구 중앙대로 88 일대, 중앙역 12번 출구 인근)에 부산역전 대화재 표지석(옛부산역 터)을 설치했다.

1953년 대화재로 역사(驛舍)가 전소되기 전까지 부산역(1968년 현재의 초량동으로 부산역 이전)이 있던 부산 중구 중앙동에 설치된 이 표지석에는 한국전쟁 전후(戰後) 부산의 도시계획과 건축에 큰 영향을 미친 '1953년 부산역전 대화재'라는 큰 사건과 그 당시 아낌없이 이재민을 도운 유엔군 부산지역 군수사령관 '리차드 위트컴 장군의 미담'이 새겨졌다.

윤종서 당시 중구청장은 "잊혀져 있던 역사이지만 이 표지석을 통해 거리를 오가는 많은 사람에게 깊은 역사적 의미와 교훈으로 다가갈 수 있기를 바라며 중구의 역사문화관광 투어의 출발점으로 자리매김할 수 있기를 기대한다"고 밝혔다.

부산역전 화재 표지석. ©부산 중구청

9. 부산시, 한묘숙 여사에게 감사패 전달

허남식 부산시장은 2012년 10월 24일 오전 11시 부산 남구 대연동 유엔기념공원에서 열린 제67회 유엔의 날 기념식에서 위트컴 장군의 미망인 한묘숙 여사에게 감사패를 전달했다. 위트컴 장군이 이 같은 선행을 베푼 지 59년, 한국에서 숨져 유엔기념공원에 잠든 지 30년 만이다.

감사패에는 부산시장 명의로 '유엔의 날을 맞아 고인이 남긴 세계 평화와 자유 수호 정신을 되새기고, 특히 1953~54년 유엔군 부산군수사령관으로 재직하며 부산의 재건과 발전을 위해 헌신한 공로를 기려 부산 시민의 마음을 모아 감사의 뜻을 전한다'고 적혀 있다.

부산 시민을 위한 위트컴 장군의 사랑과 헌신의 휴머니즘은 이날 기념식에 참석한 외교사절을 포함한 국내외 인사 800여 명에게 우리말과 영어로 소개됐다. 이로써 위트컴 장군 재조명 사업은 위트컴추모사업회 중심에서 벗어나 부산시와 유엔 차원으로 승화·확대됐다.

(사)국제평화기념사업회도 유엔 정신을 몸소 실천한 위트컴 장군 재조명에 동참하겠다는 의사를 밝혔다. 감사패 전달을 계기로 부산역전 대화재와 위트컴 장군이 국경을 뛰어넘어 부산시민에게 베푼 휴머니즘을 부산의 기억자산과 관광자

원으로 적극적으로 활용해야 한다는 지적이 공감대를 형성하고 있다.

2012년 10월 24일 유엔의 날을 맞아 부산 유엔기념공원에서 허남식 부산시장이 위트컴 장군의 미망인 한묘숙 여사에게 감사패를 전달하고 있다. ⓒ국제신문

10. 기념조형물 건립 추진

위트컴 장군이 베푼 선행을 제대로 기억하기 위해 기념조형물을 건립하자는 취지에서 '위트컴 장군 기념조형물 건립 추진위원회'가 2018년 10월 발족했다. 추진위원장을 맡은 전호환 동명대 총장(당시 부산대 총장)은 "역사학자 에드워드 카가 자신의 저서 『역사란 무엇인가』에서 역사는 과거와 현재의 대화라고 말했듯이 위트컴 장군 기념조형물 건립은 부산의 미래를 위해 뿌리를 찾는 뜻깊은 일이다. 장군의 인류애와 '사람이 먼저'라는 철학은 적자생존의 경쟁 사회를 사는 많은 이에게 희망을 주고 귀감이 될 것"이라고 말했다. 추진위는 부산시민 모금 방식으로 기념조형물 건립 비용을 조달하고, 모자라는 부분은 취지에 공감하는 협성종합건업 등 향토기업의 후원을 받을 계획이다.

추진위는 기념조형물을 설치할 장소를 찾지 못해 애를 먹고 있다. 후보지로 부산시민공원, 유엔평화공원, 유엔평화기념관, 부산대 등을 놓고 논의를 벌였으나 의견이 모이지 않고 있다. 문재인 전 대통령이 2021년 5월 미국을 방문했을 당시 위트컴 장군을 언급한 추모사를 계기로 지지부진했던 기념조형물 건립사업이 속도를 내고 있다.

부산 영도구 동삼혁신지구에 영도의 상징 '절영마 상(像)'

등을 조각한 유명 조각가 김선구 작가는 어려움에 처한 부산 시민에게 고개를 숙여 손을 내미는 형상의 인자한 위트컴 장군 모습을 모형으로 제작했다. 김선구 조각가는 "장군의 휴머니티를 시민에게 친근하게 다가갈 수 있게 구현할 생각"이라고 말했다.

위트컴 장군 기념조형물 건립추진위 1차 모임. ©국제신문

김선구 조각가의 위트컴 장군 조형물 모형. ©김선구

11. 김재호 교수와 강석환 회장, “위트컴 장군 흔적 찾다 만난 우린 천생연분”

“천생연분입니다.”

김재호 부산대 전자공학과 교수와 강석환 초량왜관연구회장 겸 부산관광협회 부회장은 2018년 7월 12일 부산 남구 대연동 유엔평화기념관에서 열린 ‘리차드 위트컴 장군 상설전시실’ 개관식을 마친 뒤 기념사진을 찍으면서 이같이 입을 모았다.

위트컴 장군은 6·25전쟁 전후인 1953, 1954년 미군 제2군수사령관(준장)으로 부산에 근무하면서 부산역전 대화재 이재민 3만 명 지원, 부산대 설립, 메리놀병원 신축 등 대한민국 재건을 위해 헌신했다.

김 교수와 강 회장은 서로 전혀 다른 경로로 수십 년간 잊힌 위트컴 장군 스토리와 함께 그의 부인 한묘숙 여사를 찾아내 세상 밖으로 끄집어냈다. 두 사람은 현재 위트컴희망재단 이사를 맡아 장군의 선행을 발굴·홍보하고 있다.

김 교수는 부산대 문화콘텐츠개발원장으로 재직할 당시 윤인구 부산대 초대 총장 다큐멘터리를 제작하는 과정에서 위트컴 장군이 부산대 장전동 부지 50만 평을 확보할 수 있도록 당시 이승만 대통령과 경남도지사를 설득하는 데 결정적 역할을 했다는 사실을 알게 됐다. 장군에게 감사의 마음을 전하려고 미국 국방부, 보훈청, 웰링턴 국립묘지 등의 홈페이지와 웹사이트를 3년간 샅샅이 뒤졌지만 별다른 성과를 거두지 못했다. 위트컴 장군이 전쟁이 끝난 뒤 미국으로 돌아갔을 거라는 예상과 달리 한국에 남아 전쟁고아를 돌봤기 때문이다. 장군은 한국인 여성과 결혼했고 '제2의 고향인 한국에 묻어달라'는 유언을 남기고 숨져 유엔기념공원에 안장됐다. 김 교수는 2010년에야 부인을 만날 수 있었다.

강 회장은 김 교수에 비해 짧은 시간에 한 여사를 찾았다. 2010년 6·25전쟁 60주년 기념행사에 초청돼 한국을 방문한 미국인 클리포드 스트로버스(클리프) 씨가 그해 6월 용두산공원 부산타워를 찾아 1953년 11월~1954년 12월 부산 소재 미군 44공병대에 근무할 때 찍은 컬러사진을 기증하면서 사진전이 열렸다. 당시 부산타워를 위탁 운영했던 강 회장은 클리프 씨 사진 속에 자주 등장한 '원 스타 장군'이 누구인지 궁금해하면서 장군과의 인연이 시작됐다. 강 회장은 인터넷을 검색해 그가 위트컴 장군이고 재단을 설립해 전쟁고아를 돌봤다는 정보를 얻었다. 인맥을 총동원해 수소문한 끝에 2010년 가을 서울 용산에 사는 한 여사를 찾았다. 한 여사는 "수십 년간 아무도 찾지 않았는데 남편의 선행을 뒤늦게라도 알아주니 감사하다. 한 달 전에 같은 부산에 사는 김재호 교수도 다녀갔다"

고 말했다.

김 교수는 윤인구 총장의 회고록에 Whitcom으로 잘못 기록돼 있는 바람에 그를 찾는 데 3년이 걸렸다. 김 교수는 "위트컴(Whitcomb) 장군의 영문 철자 중 'b'가 묵음이어서 찾는 데 애를 먹었지만, 강석환 회장을 알게 된 게 천생연분이다. 2016년 말 한묘숙 여사의 양자가 되었으니 위트컴 장군은 내 아버지"라고 말했다. 김 교수와 강 회장은 의기투합해 위트컴 장군이 부산시민에게 베푼 은혜에 보답하기 위해 2011년부터 매년 7월 12일 유엔기념공원에서 위트컴 장군 추모식을 열고 있다.

강석환(왼쪽) 초량왜관연구회장과 김재호 부산대 전자공학과 교수. ⓒ오상준

2020년 7월 13일 유엔평화기념관에서 열린 제2회 위트컴장군 기념 세미나.

Ⅳ

부산에 오기 전 위트컴의 삶

1. 위트컴 장군 일대기 개관

위트컴 장군의 리더십을 연구하고 있는 박주홍 경북대학교 경상대학 교수는 장군의 삶 속에 묻혀 있는 리더십의 뿌리를 찾고자, 그의 삶을 5개의 시기로 나눠 개관한다. 박 교수는 이 같은 내용을 2021년 11월 11일 유엔평화기념관 3층 컨벤션홀에서 열린 '제3회 위트컴 장군 기념 세미나'에서 '위트컴의 삶에서 발견하는 참 군인의 리더십'이라는 제목으로 주제 발표했다. 박 교수는 5군수지원사령관을 지낸 예비역 준장으로 사령관 재직 시절인 2017년 12월 부대에 '위트컴 장군실'을 만들었다. 박 교수는 어린 시절 가정환경 속에서 어떻게 장군의 리더십이 형성되었는지, 임관 후 참전한 전쟁에서 리더십이 구현됐던 과정을 추적하고, 마지막으로 한국에 부임해 폐허가 된 부산의 재건 과정에서 종합적으로 발현된 장군의 리더십에 관해 역사적 사실을 토대로 연구하고 있다. 장군이 부산에 오기 전의 삶을 파악할 수 있는 소중한 자료여서 박 교수의 허락을 받아 이 책에 소개한다.

성장기(1894~1917)는 출생부터 대학을 졸업한 시기이다. 미국 캔자스(Kansas)주 토피카(Topeka) 지역의 유복한 집안에서 훌륭한 부모의 가정교육을 받으며 형제들과 함께 성장했다. 건전한 가정환경은 위트컴을 따뜻한 가슴을 가진 자립심과 책임감이 강한 청년으로 성장하도록 했다. 캔자스의 워시번(Washburn) 대학 시절은 적극적인 학생활동을 통해 미래의 삶에 대한 신념을 확고히 하는 시기였다.

사회 활동기(1915~1940)는 워시번 대학을 졸업 후 본격적으로 사회생활을 시작해 1941년 2차 세계대전에 참전하기 전까지의 시기이다. 위트컴은 대학 졸업 후 하와이의 YMCA에서 일하면서 1917년 주 방위군(National Guard) 및 예비군 장교로 임관했다. 다양한 회사에서 간부로 근무하고, 지역사회의 활동에 적극적인 참여를 통해 기업 및 정부기관의 예산, 조직, 기술 등에 관한 많은 지식과 경험을 습득할 수 있었다. 사우스웨스턴 전화 회사(Southwestern Telephone Company) 등 여러 통신 회사에서 세일즈 매니저, 지역 책임자로 근무했고, 보스턴 시 정부의 업무 개선을 위해 다양한 지원활동을 했다. 300만 달러 이상의 실업자 구호 펀드를 모금했으며, 시정부의 자문위원회에서 정책에 관한 조언을 통해 100만 달러 이상의 예산을 절감하는 역량을 발휘했다. 당시 위트컴은 공화당의 매사추세츠 주지사 선거에 출마할 정도로 상당한 지명도를 가진 것으로 알려졌다. 위트컴의 다양한 사회활동의 경험은 차후 참전과 재건 과정에서 뛰어난 리더십을 발휘하는 중요한 토대가 됐다.

2차 세계대전 참전 및 냉전시대 임무 수행기(1941~1952)는 2차 세계대전에 참전해 혁혁한 전공을 세우고, 종전 후 냉전시대에는 소련의 남하를 막기 위해 그린란드 일대 기지의 수송 및 보급 작전을 지휘했던 시기다. 2차 세계대전이 발발한 뒤 미군의 참전이 결정되자 장군은 미군 최초로 1941년 아이슬란드에 파견돼 모든 항만을 지휘하는 중요한 임무를 수행했다. 출중한 임무 수행 덕분에 대령으로 진급한 이후 1944년에는 프랑스 북서부 노르망디 상륙작전의 핵심적인 군수부대인 11항만단의 지휘관으로 보직되어 오마하 해변 상륙작전 지원은 물론, 계속되는 보급 지원 및 폐허가 된 도시의 재건 작전을 성공적으로 지휘했다. 유럽 전선이 안정화됨으로써 1945년 11항만단은 미국 본국으로 귀국했으나 장군은 어려움을 겪고 있던 필리핀 마닐라 항만의 지휘관으로 보직되어 태평양전쟁에 참전했다. 종전 후 1950년부터 그린란드 툴레(Thule) 공군기지 건설을 위한 상륙작전을 지휘했고, 1952년까지 뉴펀들랜드(Newfoundland) 항만 등 다수의 항만과 기지에 대한 수송 및 보급작전을 성공적으로 수행함으로써 소련의 남하를 저지하는 발판을 마련했다.

부산 재건기(1953~1954)는 1953년 한국에 부임한 이후 1954년까지 화재로 인해 폐허가 된 부산을 재건했던 시기이다. 장군은 1953년 11월 부산역전 대화재가 발생하자 가능한 모든 예산, 부대, 정부기관 등을 총동원해 도시를 재건하는 데 매진했다. 부산 재건 프로젝트는 단순히 이재민을 구호하는 데 그친 것이 아니라 영구적인 거주단지 조성, 도로 포장, 교량 건설, 병원 건립, 고아원 건립 등 도시 전체가 제대로 기능을 발휘하는 데 중점을 뒀다. 이 같은 위트컴 장군의 헌신적인 노력 덕분에 부산은 1년도 안 돼 정상적인 모습을 되찾을 수 있었다.

전역 후(1955~1982)는 1954년 전역한 이후부터 별세한 1982년까지의 시기이다. 장군은 전역 후 이승만 대통령의 정치고문을 맡았으며, 아이젠하워 대통령, 밴 플리트 장군과 함께 한미재단을 설립해 한국의 전쟁고아를 돕는 일에 헌신했다. 1964년 한묘숙 여사와 결혼해 어려운 한국 국민을 돕는 사회사업에 매진하다가, 1982년 7월 12일 심장마비로 유명을 달리한 뒤 부산 유엔기념공원에 안장됐다.

부인 한묘숙 여사는 장군의 유지를 받들어 장진호 전투에서 전사한 미군들의 유해를 송환하기 위해 여생을 헌신하다가 2017년 1월 1일 별세한 뒤 유엔기념공원에 장군과 합장됐다.

3회 위트컴장군 기념세미나

박주홍 제5군지원사령관이 2017년 12월 19일 위트컴 장군실 개관 취지를 설명하고 있다. ⓒ제5군수지원사령관

2. 위트컴의 리더십을 만든 가정교육

위트컴 장군은 1894년 캔자스주 토피카에서 5남 1녀 중 둘째로 태어났다. 위트컴은 친가는 물론 외가가 모두 사회적으로 존경받는 위치에 있는 집안에서 성장했다. 아버지는 보스턴대학에서 수학한 법률가로서 보스턴의 변호사를 거쳐 캔자스주의 법관으로 오랫동안 근무했으며, 워시번 대학의 명망 있는 법대 교수였다. 어머니는 남편의 보스턴 대학 법대 동창생으로 남편의 법률 파트너일 뿐만 아니라 여러 책을 저술한 유명한 작가였으며, 남편과 함께 미국 초대 장로교회의 이사회에서 활동했다. 어머니는 어려서부터 부모와 함께 유럽의 여러 나라를 여행하며 견문을 쌓기도 했다. 당시의 보수적인 사회 분위기를 고려한다면 능력 있는 신세대 여성이었던 어머니의 열린 교육은 자녀를 훌륭하게 양육하는 바탕이 됐다. 이를 통해 자녀들은 모두 훌륭하게 성장했다. 큰 형인 필립(Philip)은 로도스(Rhodes) 장학금을 받고 옥스퍼드 대학으로 유학을 갔고, 이후 저명한 저널리스트가 되었다. 지금도 캔자스 주립대학에는 그를 기념하는 글짓기 대회가 매년 열리고 있다. 동생인 로버트(Robert)도 은행가로 크게 성공했던 것으로 전해진다.

어머니가 쓴 글인 '미간행 자서전(Unpublished Autobiography)'

에는 어린 시절 위트컴의 모습이 그려져 있다. 그녀는 깊은 애정을 갖고 함께 많은 시간을 보내며 기쁜 마음으로 자녀들의 양육에 매진했다. 그녀의 교육 철학은 자녀들이 독립심을 가지도록 성장하는 것이었다.

이를 설명하는 사례 하나가 소개되고 있다. 그녀는 위트컴이 15살 되던 해에 자녀에게 어려운 숙제를 냈다. 5개의 문과 6개의 큰 창문이 달린 24피트×15피트 크기의 방을 만드는데 필요한 자재 소요량을 계산하고, 이를 목재공장에 주문하도록 했다. 목재공장은 24마일이나 떨어진 곳에 있어서 다녀오는 데 2일 걸렸다. 보통의 목수에게는 별일 아니었겠지만, 아이에게는 힘든 일이었다. 그러나 아이들은 뛰어난 인내심과 추진력을 발휘해 결국 숙제를 해냈다. 어머니는 자녀에게 도전과 흥미를 같이 제공하면서 스스로 문제를 풀어가도록 한다는 교육철학을 가진 것으로 풀이된다. 이러한 교육 환경 속에서 성장한 위트컴 장군은 많은 어려움을 스스로 극복할 수 있었던 자양분을 어머니로부터 얻었을 것임을 쉽게 짐작할 수 있다.

그녀는 아들 위트컴의 특별한 점을 발견하고 높이 평가하고 있다. 어려서부터 다른 형제와 달리 스스로 목장에서 아르바이트하며 월 30달러를 벌었던, 엄청난 성실성을 지닌 "hard-working boy"라고 표현하고 있다. 그녀는 또한 무슨 일이든 빠른 시간 안에 해결하는 위트컴을 바라보며 "일을 빨리 끝내기를 원한다면 리차드 위트컴(Richard)에게 맡겨야 한다"고 늘 이야기할 정도였다.

부산대 김재호 교수의 연구에 의하면 어린 시절 위트컴의 꿈은 놀랍게도 필리핀에서 선교사를 하는 것이었다고 한다. 워시번 대학생 시절에 학생자원봉사단(Students Volunteer Mission)의 청년 리더 활동을 하면서 그 꿈을 키워갔다. 부모의 사회적 위치와 유복한 가정환경을 고려한다면 높은 사회적 지위를 보장하는 직업을 추구하는 것이 당연했었지만, 어린 위트컴은 떡잎부터 달랐던 것이다. 이는 청교도 정신에 기반을 두고 겸손함과 자립심을 갖도록 자녀교육을 했던 건전한 가정환경으로부터 비롯된 것이다.

3. 여동생 이사벨이 바라본 오빠 위트컴

6남매 중 막내인 이사벨(Isabel)이 위트컴 장군이 별세한 뒤 그리워하며 쓴 추모글은 어린 시절 위트컴의 모습을 잘 설명하고 있다. 그녀는 위트컴이 다른 형제와 달리 매우 친절하고 배려심이 많은 따뜻한 가슴을 가진 오빠였다고 기억한다. 본인이 학교에서 '5월의 여왕(May Queen)'으로 선발되었을 때는 대학 수업을 빼먹으면서까지 큰 장미 다발을 들고 택시를 타고 직접 와서 축하해줄 정도로 다정다감했다고 기억했다.

위트컴은 또한 원칙과 책임감을 중요시하는 오빠였다. 엄마가 위트컴에게 막내 쌍둥이를 보살피도록 맡겼을 때 일찍 일어나 아침을 정성스럽게 준비했고, 식사 전에는 길게 기도하는 원칙을 지켰다고 한다. 위트컴은 마음먹은 일은 반드시 해내고야 마는 끈질긴 책임감의 소유자였다. 일요일 예배를 마치고 돌아오면 엄마가 시키지 않아도 가장 먼저 대걸레와 물통을 들고 2층부터 스스로 방법대로 청소를 하는 모범적인 오빠였다.

그녀는 학창 시절의 위트컴을 매우 활동적인 'Real Dynamo(진정 패기가 넘치는 사람)'로 기억한다. 청년 위트컴은 대학의 여러 조직에서 매우 활동적인 기질을 발휘했다. 훌륭한 미식축구 선수였고, YMCA, Kappa Sigma Fraternity, 대학

편집부에서의 주도적 활동을 통해 선교사적, 작가적, 경영자적 리더십을 배양했을 뿐만 아니라 이미 발휘하고 있었다.

그녀는 위트컴을 군뿐만 아니라 사회생활에서도 크게 성공한 박학다식한 오빠로 기억한다. 오빠가 보스턴의 여러 회사에서 높은 직위까지 승진했고, 지역 공헌을 통해 인지도가 높아 주지사 후보로 지명될 정도였는데, 미국에서 더 능력을 발휘하는 삶 대신에 굳이 한국에 남는 삶을 선택한 데 대해 의문을 가졌다고 한다. 그러나 오빠가 자기 삶의 가치를 끝까지 지키며 한국의 부산 유엔기념공원에 묻히는 모습을 보며 크게 감동했다고 회상한다.

4. 엄격하지만 딸바보인 아빠 위트컴

위트컴 장군은 1981년 7월 딸 민태정 이사장에게 보낸 편지에서 '스트레스(stress)'의 개념에 관해 자세히 설명하고 있다. 어려운 상황에 처했을 때 어떠한 시각을 가지고 관리할지에 관한 조언이다. 그는 'stress'를 철이 형성되는 과정에 비유해 자세히 설명한다. 철은 그 능력의 한계까지 가열하고 식혀지는 과정을 통해 보다 강한 강도를 가지게 된다. 사람도 발전하기 위해서는 같은 방식을 거쳐야만 한다고 설명한다. 즉, 능력을 초과하는 문제가 주어지면 스트레스에 직면하게 되지만, 이를 해결하는 과정을 통해 능력은 개발되고, 이후에는 더욱 어려운 문제도 해결할 수 있게 된다는 논리다. 이 같은 위트컴의 생각은 아무리 어려운 임무도 부딪히면 해결할 수 있고, 이를 통해 성장한다는 단순하지만 중요한 교훈을 전해주고 있다.

위트컴은 자신이 스트레스를 이겨낸 두 가지의 사례를 제시했다. 첫 번째 사례는 필리핀 마닐라 항만의 지휘관으로 부임했을 때의 상황에 관한 것이다. 당시 마닐라 항만에는 매일 수백 척의 선박이 혼재되어 작전에 심각한 영향을 초래하는 문제가 있었다. 이에 따라 항만의 체계적인 운영을 위한 시스템을 구축하는 것은 매우 중요한 임무였다. 또한 부대원들에게 매우 민감한 조직 편성과 관련된 업무였기 때문에 큰 스트레스였다. 그러나 위트컴은 아이슬란드와 영국, 프랑스에서의 항만 운영 경험을 토대로 빠른 시간 안에 문제를 해결할 수 있었다.

두 번째 사례는 필리핀에서 위트컴의 부하였던 메이어(Meyer) 대령이 상급 지휘관인 플랭크(Plank) 장군과 의견 충돌이 발생해 위트컴과 함께 출두해야 하는 상황에 관한 것이다. 메이어 대령이 후회와 걱정을 하며 잘못했다고 고개를 숙이겠다는 의견을 제시하자 위트컴은 단호하게 "옳다고 생각하는 대로 행동하라"고 조언했다. 결국 플랭크 장군은 소신에 찬 위트컴과 메이어의 태도에 웃음으로 화답하며 그들의 의견을 존중해주었다.

민태정 위트컴희망재단 이사장이 아버지 위트컴 장군의 사진을 들어 보이고 있다.
ⓒ민태정

5. 스트레스에 관한 세 가지 교훈

위트컴은 스트레스에 관해 세 가지의 교훈을 정리해 딸에게 설명한다.

첫째, 걱정은 내려둬라. 스트레스 대부분은 별 의미가 없는 것이다. 문제의 해결책을 찾다 보면 결국 사라지게 되므로 걱정을 붙들고 있는 것은 어리석은 태도라고 지적한다.

둘째, 옳은 일이라면 즉시 행동하라. 누구나 자신의 판단에 대한 윤리적 기준을 가지고 있으므로 여기에 부합한다면 망설이지 말고 과감하게 행동하라고 조언한다. 이는 위트컴이 어린 시절부터 몸에 배어 있는 태도라고 할 수 있다.

셋째, 옳다고 믿는다면 굽히지 마라. 위트컴은 본질적 가치를 포기하면 의미가 없어지기 때문에, 순간의 불편함을 모면하기 위해 '합의를 위한 합의'를 하는 것을 경계해야 한다고 조언한다.

위트컴이 위의 내용처럼 딱딱한 편지만을 딸에게 보낸 것은 아니다. 딸 태정을 미국 하와이 대학으로 유학 보냈을 때 장군은 거의 매일 손편지를 쓰며 타지에 홀로 가 있는 딸에 대한 애틋한 마음을 전했다. 밤 10시까지는 집에 들어와야 한다는 아빠의 보수적인 충고도 잊지 않았다. 미성년의 시기가 지나자 융통성을 부여하는 아빠의 유연한 교육 태도는, 위트컴 본인이 직접 경험한 어머니의 철저한 교육철학을 닮은 듯하다.

6. 2차 세계대전에서 발휘된 리더십

위트컴은 1941년 미국의 참전이 결정되자 아이슬란드에 미군 장교 최초로 파견돼 모든 항만을 지휘하는 임무를 수행했다. 1943년 대령으로 진급한 뒤 영국의 브리스톨에 위치한 11항만단 지휘관으로 부임해 치밀한 준비 과정을 거쳐 프랑스 노르망디 상륙작전을 성공적으로 수행했다. 상륙 후에는 노르망디 해변 및 주변 항만의 운영 및 보급 작전을 지휘했다. 이후 폐허가 된 루앙(Rouen)의 항만 운영 및 재건을 위한 임무를 추가로 맡았고, 지역의 안정화 이후에는 혼란에 빠져 있던 필리핀 마닐라 항만의 지휘관으로 자리를 옮겼다.

특히 2차 세계대전의 결정적 계기가 된 노르망디 상륙작전을 위한 11항만단 지휘관 시절은 위트컴 장군의 출중한 리더십을 극명하게 보여준 시기였다. 상륙을 위한 준비, 상륙 이후 오마하 해변 운영, 추가 항만 운영과 임무 확장 등 상급 지휘부는 위트컴에게 가장 어려운 임무를 연속적으로 부여했다. 이에 위트컴은 부대 단결, 대민관계, 부대 군기, 강한 훈련, 항만 운영 등 모든 분야에서 탁월한 리더십을 발휘해 '해결사'로서 모든 임무를 완수했다.

1944년 초 11항만단의 지휘관으로 보직을 받은 위트컴은 잠시의 휴식시간도 사양한 채 "즉시 임무를 수행하겠다"는 강한 의지를 보이며 항만단 본부가 있는 브리스톨 해협의 뉴포트(Newport)로 이동했다. 사실 11항만단은 1942년 미국 시애틀에서 창설된 뒤 바로 투입되어 실전 경험이나 인적 구성면에서 부족함이 많았으며, 최근에 지휘관이 4번이나 교체되는 위기에 빠진 상태였다.

위트컴에게는 사람이 가장 우선이었다. 변호사, 의사, 건축가, 광고 회사 간부 등으로 다양하게 구성된 각 구성원의 출신 배경과 능력을 빠른 시간에 파악해 통합하고, 부대의 단결을 도모하는 데 집중했다. 위트컴의 저서인 『One War』에서 부하들 개개인에 대해 사소한 내용까지 구체적으로 설명하는 장군의 열정과 치밀함은 경탄을 금치 못하게 만든다.

1944년 4~5월은 상륙작전의 D-Day를 앞둔 막바지 준비 시기였다. 위트컴은 부대를 인근의 영국 애버데어(Aberdare) 지역으로 이동시켜 2명씩 조를 이루어 주민들 집에 거주시키며 고된 훈련에 매진했다. 위트컴은 주민과의 관계에 대해 철저한 예절과 군기를 강조했으며, 작은 실수조차 허락하지 않는 모범적 모습을 요구했다.

주민들에 대한 예의, 군인으로서의 행동 규범, 제복 착용에 이르기까지 모범적 모습을 보이는 11항만단 부대원들에 대해 주민들은 감동했다. 주민들이 스스로 11항만단을 "The Aberdare Port"라고 부르며 자긍심을 가질 정도로 친밀한 관계를 형성했던 것이다. 부대원들은 주민들의 전통을 존중했다. 심지어 주민들이 어떻게 차를 만드는지 배우는 등 주민과의 친화 과정은 대민관계의 전형적 모델이라고 할 수 있다. 이러한 사람 중심의 존중의 리더십은 추후 한국 국민과 문화를 존중하면서 우호적 관계를 형성하는 결과로 이어진 것이다.

성공적인 상륙작전 이후 기능이 마비된 오마하(Omaha) 해변과 주변 항만을 재건하고 정상적으로 항만을 운영하는 것은 매우 어려운 임무였다. 장군은 항만 운영에 대해 누구보다도 심도 있는 전문적 지식을 지니고 있었다. 팰릿(pallet), 크레인, 트럭, 철도, 화물의 적하역, 장비의 엔진 종류, 나라별 처리 방식의 차이점, 해변의 조류 등 엄청난 수준의 전문성에 바탕을 둔 리더십은 상륙 이후 지속적인 군수 지원을 가능하게 만든 원동력이 됐다. 이를 통해 상륙 이후 초기 90일 동안 총 92만 6689t, 일일 1만296t이라는 엄청난 물량을 처리하는 초인적인 능력을 보여줬다. 이러한 전문성은 아이슬란드와 영국에서의 항만 운영의 경험이 뒷받침되었고, 어린 시절 도전과 해결이라는 어머니의 가정교육이 그 뿌리라고 할 수 있다.

11항만단이 훌륭하게 임무를 수행하자 독일군에 의해 폐허가 된 루앙을 재건하라는 추가적인 임무가 부여됐다. 루앙은 노르망디의 중심 도시로서 센강을 관통하는 전략적으로 중요한 내륙의 항만 도시이다. 유서 깊은 루앙성당이 자리 잡고 있고, 역사적으로는 자유의 여신상이 조립 및 분해된 곳이며, 잔다르크가 화형당한 곳이기도 하다. 위트컴은 임무를 부여받은 즉시 끊긴 다리들을 건설하고 마비된 항만의 기능을 회복하는 재건 작전을 수행했다.

위트컴의 지휘 아래 이루어진 몇 개월간의 집중적인 복구 노력을 통해, 루앙은 다시 큰 선박이 이동하게 되었고, 도시 기능이 살아나기 시작했다. 이러한 위트컴의 경험은 차후 부산 재건을 위한 소중한 밑거름이 되었을 것이다.

유럽 전구가 안정화되자 11항만단은 본국으로 귀국했으나 위트컴에게 휴식은 없었다. 필리핀 마닐라 항만의 심각한 상황은 위트컴의 리더십을 다시 필요로 했다. 위트컴은 당시 일일 400척이 넘는 선박들로 인해 혼란에 빠져 있는 항만 운영을 체계화하고, 보급 작전을 원활하게 만드는 전문성을 또다시 발휘함으로써 필리핀이 일본의 점령으로부터 회복하는 기반을 제공한 것이다. 11항만단 부대원들은 위트컴이 짧은 기간 지휘관이었음에도 깊은 신뢰를 보이며 "Our Leader Col. Whitcomb!(우리의 지도자 위트컴 대령!)"이라고 칭하며 존경심을 표하고 있다.

11항만단의 강한 부대정신은 본인들은 물론 후손에게도 연결되어 있음을 확인할 수 있다. 참전용사와 가족들은 별도의 모임을 결성해 오랜 기간 주기적인 만남(reunion)을 이어갔고, 함께 노르망디를 방문하기도 했다. 이는 성장하는 자녀에게 아버지에 대한 존경과 자부심을 가지게 하고, 어린 시절의 추억을 만들어 준 전우애의 귀한 산물이라고 할 것이다. 전우애와 부대정신은 말로만 만들어지는 것이 아니라 11항만단과 같이 어려운 임무를 함께 수행한 경험이 있을 때 가능하다는 교훈을 다시 얻을 수 있다.

7. 전후 냉전시대 기지 건설과 보급작전을 위한 수송 지휘

위트컴은 종전 후 귀국해 사회활동을 했으나 냉전시대였던 1950년 현역으로 복귀해 소련의 남하를 막기 위한 기지 건설과 보급 작전을 지휘하는 임무를 맡았다. 그린란드의 툴레는 한국전쟁이 발발하면서 가시화된 소련의 남하를 막을 뿐만 아니라 북극해의 재보급 작전을 위한 필수적인 요충지였다. 암호명 'Operation Blue Jay'로 1950년부터 준비를 시작해 1953년 공군기지 건설이 마무리됐다. 장군은 영하 60도까지 떨어지는 혹한의 추위 속에서 세계 각지에서 대규모의 병력과 장비, 군수물자, 건설자재 등을 수송했다. 이때 기지를 건설하기 위해 투입된 비용과 노력은 파나마 운하의 건설과 유사하다고 알려졌다.

장군은 툴레 공군기지 외에도 그린란드의 선더레스트럼(Sondrestrom) 라사르수이크(Rarsarssuak)과 뉴펀들랜드(Newfoundland) 항만 10여 개, 래브라도(Labrador) 배핀(Baffin) 섬, 레저루션(Resolution) 섬 등에 해안 조기 경보 기지를 건설하기 위한 수송 및 보급 작전을 지휘했다.

한반도 전구를 포함한 현대 전쟁의 작전지역에서도 승리의 관건은 재보급을 위한 기지 건설 및 수송 작전에 있다고 할 수 있다. 그런데 장군은 이미 70년 전에 지금보다 훨씬 열악한

환경에서 이를 구현하는 놀라운 능력을 발휘한 것이다. 물자의 획득, 수송, 적하역, 저장, 분배, 부대 편성 등 수많은 어려움을 어떻게 극복했는지 오늘날에도 군의 리더에게 주는 교훈은 크다고 할 수 있다. 위트컴의 기지 건설을 위한 장비, 물자, 인력 조달 및 수송의 경험은 차후 부산 재건을 성공적으로 이뤄내는 소중한 노하우가 되었을 것이다.

전쟁의 상흔을 간직한 부산

Richard S. Whitcomb

1. 세계 유일의 유엔군 묘지… 11개국 2311명의 영웅 영면

부산은 전쟁과 평화의 기억이 공존하는 도시다. 6·25전쟁 당시 전투는 없었지만 전쟁의 흔적이 짙게 남아 있기 때문이다. 시내 한복판인 부산진구 부전동 롯데백화점 부산본점 인근 '스웨덴 참전기념비'에서부터 남구 부경대 대연캠퍼스 내 미8군 사령부 지휘소 '워커하우스(일명 돌집)'까지 전쟁의 기억을 간직한 곳이 많다. 그중에서도 '유엔기념공원'은 세계에서 유일한 유엔군 묘지로, 아주 특별하고 상징적인 공간이다.

해마다 백발의 노인이 된 참전 용사와 그 후손들이 유엔기념공원을 찾고 있다. 한국을 방문하는 외국 국가원수나 장관들에게도 이곳은 필수 코스다. 영국의 엘리자베스 여왕도 1997년 이곳을 참배하고, 인근 이기대 해변의 아름다운 풍광을 보고 극찬하기도 했다.

2021년 4월 5일 준공 70주년을 맞은 유엔기념공원은 이곳에 잠든 리차드 위트컴 장군을 위시해 2311명(사후 안장 포함)의 영웅과 함께 전쟁과 평화의 역사를 새롭게 쓰고 있다. 유엔기념공원은 1951년 1월 18일 유엔군 전사자 매장을 위해 유엔군사령부가 조성했다. 3개월 뒤인 4월 5일 묘지가 완공되면서 개성과 인천, 밀양 등지에 가매장됐던 유엔군 전몰장병의 유해가 지금의 자리에 묻히게 됐다. 현재 한국(37명)을 비롯해 영국(886명)과 터키(462명), 캐나다(380명) 등 11개국의 유엔군이 안장돼 있다. 미군은 전쟁 당시 가장 많이 전사했지만 3만 6492구의 유해 모두 본국으로 이장됐으며, 휴전 후 한국에 주둔해 있던 미군 중 여기 안장되기를 희망한 40명만이 현재 이곳에 잠들어 있다.

1974년부터 대한민국을 포함해 호주, 캐나다, 프랑스, 네덜란드, 뉴질랜드, 노르웨이, 남아공, 터키, 영국, 미국 등 이곳에 전사자가 안치된 11개국으로 이루어진 '재한유엔기념공원 국제관리위원회(Commission for the UNMCK)'가 유엔기념공원의 관리를 맡고 있다. 1955년 12월 유엔총회에서 유엔이 영구 관리하기로 결의한 뒤 1974년 유엔한국통일부흥위원회(UNCURK)가 관리해오다 지금의 운영 체계가 정착된 것이다.

해마다 10월 24일 '유엔의 날'을 전후해 11개국의 주한대사들이 참석하는 정기총회가 열린다. 국제관리위원회 의장국과 의장은 위원국별 알파벳 순으로 정해지고 재임 기간은 11월 1일부터 다음 해 10월 31일까지다.

국제관리위원회는 1년에 한 번 각국 대사가 만나 정기회의를 통해 안건을 결정한다. 기념공원의 인지도를 높이는 홍보에서부터 세계 평화의 중요성을 알리는 일까지 유엔기념공원의 역할에 관한 모든 것을 논의하고 결정한다.

현재 유엔기념공원 오늘날 모습. ⓒ재한유엔기념공원 관리처

2. "판문점서 북한군 시신과 맞바꾼 유엔군 유해, 열차로 모셔와 안장"

한국이 기념공원 관리국에 포함된 것은 1974년. 1951년 조성 때부터 미국과 유엔이 관리해와 이곳이 어떻게 조성됐고 어떤 업무를 맡아왔는지 뚜렷이 알려진 바 없다. 한국이 관리하기 이전 20여 년간의 기록은 전혀 남아 있지 않다.

국제신문(이준영 기자)은 이런 '기록의 암흑기'를 밝혀줄 증인을 2021년 4월 어렵게 찾아내 취재했다. 주인공은 1954년부터 1992년까지 유엔기념공원에서 근무한 정태홍(92) 씨. 그는 6·25전쟁 당시 미8군 소속으로 통·번역을 맡아 유엔묘지(현 유엔기념공원)로 배속됐다.

정 씨는 유엔기념공원이 조성된 초기부터 이곳을 지킨 유일한 한국인 직원이었다. 그는 "통역자도 저 혼자인 상태에서 인부를 관리하고 시체가 들어오면 서류를 정리해서 유엔으로 보냈다. 각국 대사를 만날 땐 한국에 연락하는 일까지 도맡았다"며 "유엔기념공원의 역사를 가장 잘 아는 한국인이라 해도 과언이 아니다"고 자신을 소개했다.

그는 70년 전의 일도 생생하게 기억하고 있었다. 특히 유엔군과 북한군의 유해를 교환하던 순간은 또렷이 생각난다고 강조했다. 정 씨는 "유엔묘지 주변 산 너머에 가매장된 북한군 시체가 가득했다"며 "삽으로 한 구씩 파서 두꺼운 배낭에 넣은 뒤 화물열차로 판문점에 보낼 땐 썩은 냄새가 진동했다"고 회상했다. 이어 그는 "판문점에서 북한군 유해와 맞바꾼 유엔군 유해는 유엔묘지에 모시고 와 매장했다"면서 "이때 사망 경위와 시신 상태 등이 적힌 기록지를 유리병에 넣어 유해 옆에 함께 묻었다"고 말했다.

그는 유엔기념공원의 중요성을 다시금 강조했다. 정 씨는 "수만 명의 유엔군이 오로지 한국을 위해 싸우다 타국에서 사망했다. 그 희생은 무엇보다 값진 것"이라며 "왜 이들이 우리나라에서 목숨을 바쳐야 했는지 늘 잊지 않고 기억해야 한다"고 강조했다.

1952년 12월 유엔묘지 모습. ©김한근

3. 북한군 시신도 묻혀 있다

유엔기념공원 동편 공터에는 북한국 시신 11구가 묻혀 있다. 1954~55년 한국전 포로교환 때 북한 측에 보내졌다가 접수가 거부된 신원 미상의 묘다. 동편 공터 왼쪽부터 7개 비석에는 'UNK Civilian Internee(신원을 알 수 없는 민간인)', 그 오른쪽 3개에는 'UNK(알 수 없음)'나 'Grave(묘)' 등의 문구가 표시돼 있었다. 제일 오른쪽 표석에는 'Unknown Foreign National(신원을 알 수 없는 외국인)'이라고 표시돼 있다.

유엔기념공원 측은 1954~55년 유엔군이 북한과 시신을 교환할 당시 신원 확인이 안 된다는 이유로 북측에서 되돌아온 7구가 이곳에 매장되어 있다고 설명했다. 이런 내용은 2008년 이석조 전 유엔기념공원 관리처장이 발간한 『젊은 영혼들과 함께한 천일간의 백서』(다찬, 2008)에 나온다. 이들의 존재는 아직 껄끄러운 남북관계 등의 이유로 세상 밖으로 떳떳하게 공개되지 못하고 있다.

유엔기념공원에 안장된 신원과 국적 미상의 전몰자 묘. 북한군으로 추정된다. ©국제신문

1961년 조성 10년을 맞아 찍은 옛 유엔기념공원 전경. ©재한유엔기념공원 관리처

4. Stand or die(버려라. 그러지 못하면 죽는다)

부경대학교 대연캠퍼스(옛 부산수산대) 종합강의동 동편 소나무밭에 돌집이 한 채 있다. 면적 365㎡에 콘크리트 1층 건물이다. 지붕이 나지막하고 돌이 박힌 벽체는 70㎝로 두께로 외견상 봐도 '지상 벙커' 모습이다. 이곳은 6·25전쟁 중 북한군에 밀려 낙동강방어선이 붕괴될 뻔한 가장 위태로운 시기, 1950년 9월 6일부터 18일간 미8군 사령부 지휘소로 사용됐던 '워커하우스'다. 부경대 학생들은 '돌집'이라고 부른다.

부경대 이승영 사학과 명예교수는 "미8군 사령부 지휘소를 대구에서 부산수산대로 옮긴 이유는 통신 장비를 보호하기 위해서다. 통신 장비가 파괴되면 극동지역에서 (한국을) 구하기가 어려웠다"고 설명했다.

이곳에서 신임 미8군 사령관 워커 장군은 'Stand or die(버려라. 그러지 못하면 죽는다)'라는 첫 작전명령을 내렸다. 이 같은 필사의 각오가 대한민국의 운명이 달린 낙동강방어선을 지켜냈다.

덕분에 1950년 9월 15일 전세를 역전시키는 계기를 마련한 연합군의 인천상륙 작전이 가능했다. 워커 장군의 각오는 임진왜란 때 동래읍성 전투에서 '싸워 죽기는 쉬우나 길을 내주기는 어렵다(戰死易 假道難)'며 장렬하게 전사한 송상현 동래

부사의 마음가짐과 비슷하다. 워커 장군은 1950년 12월 24일 6·25전쟁에 함께 참전한 아들 샘 심스(당시 25세) 대위에게 은성무공훈장을 직접 달아주기 위해 식장으로 가는 도중 불의의 교통사고로 숨졌다. 서울 워커힐호텔은 워커 장군의 이름을 따서 붙여졌다.

1995년 당시 장선덕 부경대 총장은 1990년 화재로 지붕이 내려앉은 돌집을 복구해 워커 장군 기념관으로 꾸밀 계획이었지만 반미를 외치던 학생의 반발로 무산됐다. 부경대는 남구청이 추진하는 국제평화특구조성사업과 연계해 워커하우스를 워커 장군 기념관으로 조성하는 방안을 검토하고 있다.

부경대 워커하우스. ©부경대

월턴 워커 장군. ©국제신문

5. 베트남 '보트피플' 껴안은 부산

진흙 속에 연꽃이 피듯 전란 속에 인류애가 자라났다. 독일은 6·25전쟁이 끝난 이듬해 1954년 5월 17일 부산시민의 건강을 보살펴 주기 위해 서구 서대신동 부산여고 건물을 빌려 서독적십자병원을 개원했다. 서독병원 의사와 간호사들은 1958년 12월 31일 독일로 돌아가기까지 4년 7개월 동안 27만여 명을 진료하며 부산의 의학 발전에 큰 도움을 줬다. 서독적십자병원이 철수한 지 40년 가까이 지나고 나서야 1997년 10월 24일 부산도시철도 1호선 동대신역 인근에 '독일적십자병원터' 표지석이 세워졌다.

독일적십자병원이 떠난 자리에 월남난민수용소가 마련됐다. 베트남 전쟁에서 월맹에 패망해 나라를 잃은 월남(베트남) 난민의 슬픔을 달래주고 희망을 일굴 수 있도록 돕기 위해서다. 부산여고는 1975년 초 사하구 하단동으로 이전했다.

베트남 난민 1557명은 1975년 5, 6월 두 차례 우리 해군 북한함, 계봉호와 화물선 쌍용(트윈 드래곤)호를 타고 부산항에 도착했다. 이들 난민은 1년 4, 5개월간 부산 시민의 따뜻한 보살핌을 받은 뒤 1976년 10월 본인 의사에 따라 한국에 잔류하거나 미국, 캐나다, 프랑스, 대만 등지로 망명해 새 삶을 찾았다. 부산시민들은 6·25전쟁 때 받은 국제사회의 도움을 '베트남 보트피플'에게 되갚은 셈이다.

1977년 베트남 해상 탈출 난민인 '보트피플'이 폭증하자 우리 정부와 대한적십자사는 유엔의 지원 아래 부산 해운대구 재송동 1008번지에 2000㎡ 규모의 난민보호소를 다시 설치해 1993년까지 운영했다. 이곳은 현재 고층 건물과 고급 백화점이 들어선 센텀시티. 당시만 해도 이곳은 외부와 단절된 군 수영비행장 담장 너머 나대지였다. 센텀시티를 찾는 부산시민 상당수는 이곳에 베트남 보트피플을 위한 난민보호소가 있었다는 사실을 기억하지 못한다.

초기에는 정치 망명을 선택한 난민이 주류를 이뤘던 것과 달리, 1980년대에는 배고픔을 견디지 못한 경제 난민이 늘어났다. 경제 난민은 정치 난민과 달리 외국에 친인척 등 연고가 없어 오랜 기간 보호소 생활을 이어갈 수밖에 없었다. 한국과 베트남이 1992년 수교하면서 잔류 난민 처리 문제가 외교적 이슈로 떠올랐다. 당시 정착지를 찾지 못한 잔류 난민 150여 명은 미국인 사업가 존 매너(당시 신발업체 이사) 씨의 헌신적인 노력으로 뉴질랜드에 새로운 보금자리를 마련할 수 있었다. 1993년 1월 29일 부산 베트남난민보호소 난민 환송식 및 현판 하강식을 끝으로 베트남 난민들의 부산 생활은 막을 내렸다.

세월이 흘러 우리나라는 외국의 도움을 받던 나라에서 주는 나라로 자리 잡아가고 있다. 2021년 초 아프가니스탄에 주둔한 미군이 철수하면서 탈레반이 아프가니스탄을 장악하자 우리나라 공군 제5공중기동비행단은 같은 해 8월 현지로 날아가 아프가니스탄 특별기여자와 가족 391명을 수송하는 '미라클 작전'을 말 그대로 기적처럼 성공시켰다. 이들 특별기여자 및 가족들은 울산에 정착해 생활하고 있다.

1977년 정부와 부산적십자사에서 유엔의 지원을 약속받고 부산 해운대구 재송동에 세운 베트남 난민보호소. ⓒ부산시

1990년 11월 부산 재송동 베트남 난민보호소 모습. ⓒ국제신문

1993년 1월 29일 부산 재송동 베트남난민보호소에 내걸렸던 태극기와 적십자기가 한복을 차려입은 베트남난민 어린이들의 '아리랑' 합창 속에 하강되고 있다. ⓒ국제신문

부산 재송동 월남난민보호소 난민. ⓒ국제신문

부산 재송동 월남난민보호소에서 생활하던 베트남 난민들이 새 보금자리를 찾아 뉴질랜드로 출국하면서 가톨릭 한마음한몸운동본부 관계자의 환송을 받고 있다. ⓒ국제신문

6. 국가 행사된 '턴 투워드 부산(Turn Toward Busan)' 뉴욕 타임스퀘어에 추모 영상 띄워

2007년부터 매년 11월 11일에 개최된 '턴 투워드 부산(Turn Toward Busan) 유엔참전용사 국제추모식'이 2020년부터 법정기념일인 '유엔참전용사 국제추모의 날'로 격상됐다. 2020년에는 국가보훈처장에서 격을 높여 국무총리(정세균)가 기념사를 하며, 지역에만 송출되던 KTV 중계방송도 전국에 방영됐다.

6·25전쟁 70주년 사업추진위원회와 국가보훈처는 첫 법정기념일로 지정된 '유엔 전용사 국제추모의 날'(11월 11일)을 맞아 참전용사를 추모하고 감사의 마음을 전하기 위해 다양한 사업을 추진했다. 정부는 유엔군 참전용사 초청 등을 기획했으나, 코로나19로 추진이 어려워지자 특별영상을 제작해 참전국 주요 도시 전광판 및 방송사 광고를 통해 영상을 송출하기로 했다.

그렇게 미국 뉴욕, 영국 런던, 태국 방콕 대형 전광판에도 6·25전쟁에 참전한 유엔군 용사를 추모하는 특별 영상이 송출했다. 30초 분량의 영상은 2021년 12월 6일까지 뉴욕 타임스퀘어에 있는 전광판 3개와 영국 카나리 워프, 켄싱턴 하이스트리트에서 상영됐다. 또 아리랑 TV를 통해 103개국에 영상이 제공되었고, 영국 BBC 등 방송사 광고를 통해서도 방영되며 유엔군 용사의 희생과 공헌에 감사하다는 메시지를 전파했다.

■ 턴 투워드 부산(Turn Toward Busan)

UN 참전용사들의 희생을 기리고, 세계 평화를 기원하기 위해 매년 11월 11일 오전 11시에 부산 유엔기념공원을 향해 추모 묵념을 하는 행사로, 2007년 캐나다 6·25전쟁 참전용사인 빈센트 커트니 씨가 처음 제안해 시작됐다. 2009년 국가보훈처 주관 행사로 이뤄지다가 2014년부터 유엔 참전 21개국과 함께하는 국제 추모행사로 발전했다.

6·25전쟁 70주년 사업추진위원회와 국가보훈처는 2020년 법정기념일로 처음 지정된 '유엔 참전용사 국제추모의 날'(11월 11일)을 맞아 미국 뉴욕 타임스퀘어 전광판에 참전용사를 추모하는 특별 영상을 송출했다. 사진은 타임스퀘어 전광판과 특별 영상을 합성한 모습. ©6·25전쟁 70주년 사업추진위

2016년 11월 11일 오전 부산 남구 유엔기념공원에서 한국전쟁 유엔군 참전용사들이 '턴 투워드 부산' 행사에 참석하기 위해 입장하고 있다. ©국제신문

2020년 11월 11일 정세균(가운데) 국무총리가 부산 남구 유엔기념공원에서 열린 턴 투 워드 부산(유엔참전용사 국제추모식)에 기념사를 하기 위해 입장하고 있다.

7. 턴 투워드 부산 최초 제안자 빈센트 커트니 씨 특별기고 –"대한민국 국가기념일 지정, 참전용사로서 무한한 영광"

국제신문 2020년 11월 10일 2면 게재

한국전에 뛰어든 수많은 참전용사들이 올해 2020년을 매우 자랑스럽고 고맙게 여기고 있다. 왜냐하면 11월 11일 턴 투워드 부산 기념식에 6선 국회의원을 지낸 정세균 국무총리가 참석하기 때문이다. 국무총리가 행사장에 온 것은 이번이 처음이다. 올해는 코로나19로 해외 참전용사 없이 한국 전우들만 참석한다.

매년 11월 11일 오전 11시 같은 시각, 세계 각국의 참전용사들이 부산을 향해 전장에서 희생되었거나 함께 싸운 동지를 위해 1분간 묵념을 하고 있다. 우리 참전용사들은 박삼득 국가보훈처장이 이 행사를 주최하는 데 고마워하고 있다. 박 처장은 우리의 수많은 동지가 감사와 인식 부족으로 입은 마음의 상처에 대해 사려 깊은 처신을 보여주었다. 박 처장은 생존한 참전용사를 찾아가 감사와 이해를 표현하는 것이야말로 참전용사들이 평생 안고 살아온 고통을 덜어주는 데 도움이 된다는 점을 제대로 인식하고 있다.

올해 기념식에 적지 않은 변화가 생겼다. 필자가 제안해 시작된 이 행사가 올해부터 '유엔참전용사 국제추모의 날'로 대한민국의 국가기념일로 지정된 데 대해 무한한 영광과 자부심을 느낀다. 나는 이런 변화가 아주 오래전 이 땅에서 일어난 기적에 국제적인 관심이 더 많이 모여지리라 굳게 믿고 있다.

언어도 종교도 다르고 심지어 서로 본 적도 없는 전 세계 각국의 사람들이 하나의 특별한 목적을 위해 한국으로 왔다는 사실에 놀라지 않을 수 없다. 한국과 한국인에 대해 전혀 알지 못하는 다양한 나라에서 온 그들은 가장 높은 인간 정신의 관점에서 기적적으로 하나가 되었다. 그들 모두는 무고한 한국인을 잔인한 침략자의 횡포로부터 해방시키기로 뜻을 모았다. 4만 명이 넘는 해외 참전용사들이 희생됐고 그 숫자의 세 배인 한국 군인도 나라를 지키다 목숨을 잃었다. 이 중 한국인을 포함해 2309명의 전몰 용사들이 유엔기념공원에 안장돼 있다.

유엔기념공원을 거닐면서 묘비명을 꼼꼼히 볼 일이 있다면 이들이 기독교 이슬람교 불교 힌두교 유대교 등 다양한 종교를 가진 다양한 민족이 이 신성한 땅에 묻혀 있다는 사실을 확인할 수 있다. 17세 나이에 전사한 호주와 캐나다 출신 앳된 군인의 이름이 각인된 청동 묘비는 이들이 이 끔찍한 전쟁에 뛰어들지 않았더라면 평범한 고등학교에 다녔을 것이고, 훗날 나이 들어 지금과는 전혀 다른 삶을 살았을 것임을 말해준다. 전사자를 포함해 한국전 참전용사는 모두 총성이 멈춘 이후에도 변함없이 이어져 온 한국의 평화를 공고하게 하는 데 큰 역할을 했다. 지난 67년간 매 순간 총알과 폭탄이 아닌 지혜와 평화가 널리 확산됐고, 정열적이고 현명한 한국인에게 축복을 가져다주었다.

11월 11일 턴 투워드 부산 기념행사에 이목이 쏠릴수록 '유엔의 도시' 부산은 유엔기념공원의 후광과 함께 전 세계 유일한 성지로 인식될 것이다. 해가 거듭될수록 더 많은 사람이 유엔기념공원을 방문해 이 숭고한 공간에 담긴 정신적 가치를 이해하고 당시 수많은 유엔 동맹국에서 온 우리 전우와 한국 군인이 이 신생 국가의 평화와 자유를 지키기 위해 어떤 영광을 바쳤는지를 깨닫고 있다. 참혹하고 야만적이며 약탈적인 전쟁이 한국인을 굴복시키거나 정체성을 상실하게 만들지 않고, 오히려 명예를 가져다주었음을 알게 될 것이다.

전 세계 사람은 한때 지구촌에서 가장 가난한 나라 중 하나였던 한국이 믿음과 단합된 목적에 따라 인류 보편적 목적과 업적 성취에 있어 어떻게 최상급 수준의 자유국가로 끌어올릴 수 있었는지를 이해하게 될 것이다. 이에 살아남은 모든 참전용사들은 한국 국민이 우리의 희생에 가치를 부여하는 데 감사해하고 있다.

부산 유엔기념공원 내 17세 어린 나이에 전사한 호주 병사 도은트를 기려 이름을 붙인 도은트 수로. ©국제신문

8. 커트니 씨 "가상세계(메타버스)로 지구촌 청소년에 한국전 의미 알렸으면"

매년 11월 11일 오전 11시 전 세계인이 유엔기념공원이 있는 부산을 향해 묵념하는 '턴 투워드 부산(Turn Toward Busan)'을 최초 제안한 캐나다인 빈센트 커트니 씨가 국제신문 2021년 7월 29일 자 12면에 보도된 유엔기념공원에 안장된 참전용사 388명의 얼굴 사진을 보고, 향후 '턴 투워드 부산' 행사를 메타버스(현실 같은 사회활동이 이루어지는 가상세계) 형식으로 진행하면 좋겠다고 제안해왔다. 저자는 커트니 씨와 e메일 인터뷰를 통해 취지와 배경을 물어봤다. 커트니 씨는 6·25전쟁 당시 16살의 어린 나이로 3년간 참전했다. 캐나다 특수부대인 패트리시아 경보병대(PPCL) 소속으로 가평전투 등에 참여했다.

커트니 씨는 국제신문 보도에 정말 고맙다는 감사 인사를 먼저 건넸다. 그는 "제가 발행하는 인터넷 잡지 〈The Korean War Veteran(한국전 참전용사)〉에 국제신문에 난 기사를 복사해 전 세계 참전용사에게 보냈더니 감사하다는 답장이 쏟아졌다"고 말했다. 그러면서 "특히 캐나다 연아 마틴(본명 김연아) 상원의원은 '전쟁 기간 한국을 지키다가 목숨을 잃은 병사들의 얼굴을 보게 돼 크게 감동을 받았다'는 메시지를 저에게 보내왔다"고 덧붙였다.

한국의 첨단 IT기술을 활용해 가상공간에서 메타버스 형식으로 '턴 투워드 부산' 행사를 열자고 제안한 배경에 대해 그는 "한국전 참전용사 중 제가 가장 어리지만 이미 87세의 고령이다"며 "현재 살아 있는 참전용사 대부분이 90대이고 상당수는 건강이 좋지 않고 거동이 불편해 집, 요양병원을 벗어나기 쉽지 않다는 현실을 잊어서는 안 된다"고 강조했다. "코로나19로 인해 국가 간 교류나 개인의 이동에 제약이 뒤따르는 현재 상황을 고려하면 가상공간은 대안이 될 수 있다"는 게 커트니 씨의 설명이다.

'턴 투워드 부산' 행사가 메타버스를 통해 세계인이 참여한다면 어떤 효과가 기대될까? 그는 "11월 11일 한국과 한국전 참전국이 가상세계로 연결된다면 거동이 불편해 한국으로 올 수 없는 수천 명의 참전용사는 물론 후손들, 여러 나라의 관련 공무원들이 '턴 투워드 부산' 행사에 참여해 이 의례의 지속가능성을 확보할 수 있다"고 말했다. 언제가 한국전 참전용사가 모두 돌아가신 뒤에도 이 행사가 계속해서 열릴 수 있다는 의미다. 그는 또 "전 세계 청소년을 비롯해 많은 지구촌인이 시청한다면 한국의 자유를 지키려고 전 세계 젊은이가 흘린 피의 의미를 공유하고 되새길 수 있다"며 교육적 효과도 언급했다.

아울러 그는 전쟁 폐허를 딛고 놀라운 경제 성장을 이룩한 한국의 성공사례를 제3세계와 개발도상국에 보여줄 기회가 될 것으로 기대했다. 그는 "현재 억압받고 가난하고 희망이 없어 보이는 다른 나라 사람들이 어떻게 한국이 국민정신을 바탕으로 잿더미에서 일어설 수 있었는지 공유하기를 바란다"고 말했다.

커트니 씨의 제안을 전략적으로 활용하면 2030 부산세계박람회(엑스포) 유치에도 도움이 될 수 있어 주목된다. 커트니 씨는 2001년 유엔기념공원에 캐나다전몰용사 기념비를, 2003년 캐나다 수도 오타와에 같은 크기의 기념 동상을 설치한 공로로 한국과 캐나다 정부로부터 훈장을 받았다. 부인이 한국인 정막례 씨다. 커트니 씨는 2021년 초부터 부산 남구청의 소식지 '부산남구신문'에 매달 칼럼을 연재하고 있다. 원고료는 남구지역 생활 형편이 어려운 한국인 참전용사에게 전달되고 있다.

'턴 투워드 부산' 행사를 메타버스 형식으로 열자고 제안한 캐나다인 빈센트 커트니(오른쪽) 씨와 한국인 부인 정막례 씨. ⓒ커트니

12 부산항ODA는 엑스포 발판

참전용사 숭고한 희생… 이젠 우리가 '위트컴 정신' 되살릴 차례

유엔기념공원 안장자의 얼굴사진을 보도한 국제신문 2021년 7월 29일 자 12면.

9. 유엔군 참전용사에게 빼빼로 선물하는 부산 남구

한국전쟁 유엔군 참전용사들이 유엔기념공원 조성 70주년을 맞아 부산에서 특별한 선물을 받았다. 롯데제과와 부산 남구청은 2021년 11월 10일 오전 부산 해운대구 롯데 시그니엘 부산에서 유엔군 참전용사 및 가족 60여 명이 참석한 가운데 '2021 턴 투워드 부산, 해외 참전용사 선물 전달식'을 열었다. '턴 투워드 부산'을 처음 제안한 캐나다 출신 참전용사 빈센트 커트니 씨를 비롯해 8개국에서 온 용사와 가족들이 부산을 찾았다.

선물세트에는 참전용사 추모 문구가 새겨진 감사편지(영문), 빼빼로, 남구신문 특별판, 마스크, 목캔디가 담겼다. 매년 11월 11일은 2007년부터 시작된 '턴 투워드 부산(오전 11시 1분간 유엔기념공원을 향해 묵념)' 행사가 있는 국가기념일이다. 하지만 현실적으로 빼빼로데이에 묻혀서 홍보가 어려웠다. 11월 11일은 턴 투워드 부산 행사일인 동시에, 청소년과 연인 사이에서 인기가 있는 빼빼로데이다.

남구청은 직원의 아들인 김유정 어린이의 아이디어(빼빼로에 추모 문구를 넣음)를 받아 이를 정책화했다. 롯데제과와 남구청은 지난해 이 같은 추모패키지를 처음 제작한 데 이어 올해는 처음으로 이 패키지를 용사들에게 직접 선물했다. 패키지에는 '11월 11일 오전 11시 1분간 추모 턴 투워드 부산 본 행사에 빼빼로가 함께 합니다'는 문구가 새겨졌고 2021년에는 50만 개가 제작됐다. 선물세트에는 '남구신문 특별판(영문판 2000부, 국문판 2000부 제작)'도 담겼다.

참전용사들은 선물 전달식 다음 날인 11일 오전 11시 부산 남구 유엔기념공원에서 참전국 주요 외교사절과 함께 턴 투워드 부산 기념식에 참석했다. 앞서 롯데제과와 남구청은 빼빼로, 감사장이 담긴 선물상자 400개를 부산을 방문하지 못하는 3개국(호주 및 네덜란드 수교 60주년, 벨기에 수교 120주년) 해외 참전용사들에게 국제우편으로 발송했다.

10. 'NEVER FORGET YOU ALL (당신들 모두를 결코 잊지 않겠습니다)'

부산 남구가 유엔기념공원 조성 70주년을 맞이해 2021년 11월 6·25전쟁 참전용사에게 보답하는 의미로 특집 매거진을 발간했다. 매거진은 'NEVER FORGET YOU ALL(당신들 모두를 결코 잊지 않겠습니다)'이란 제목을 달고 타블로이드 판형 28쪽 분량으로 국문과 영문 각각 2000부 제작됐다.

매거진에는 ▶조성 70주년 된 유엔기념공원 소개 ▶유엔평화문화특구 안내 ▶유엔군 전몰용사 유족들의 추모 메시지 ▶합장묘 현황 ▶턴 투워드 부산 홍보대사로 변신한 빼빼로 사연 ▶부산에서 200만 명을 무상 치료한 스웨덴 적십자 야전병원 이야기 ▶22개 유엔참전국 소개 및 각국의 언어로 된 감사 인사말 등이 담겼다.

이와 함께 '꼬마 외교관'으로 활약 중인 캠벨 에이시아와 유엔참전용사의 기고문, 턴 투워드 부산의 제안자인 빈센트 커트니 씨가 전우들에게 보내는 헌시 '고요히 잠든 그대들'도 함께 수록됐다.

남구는 11일 턴 투워드 부산 행사가 열리는 유엔기념공원에 방문한 참전용사와 유가족, 외교사절, 방문객 등을 대상으로 현장 배부했다. 국내 주재 유엔참전국 공관, 해외 참전용사협회 등에도 우편 발송했다.

Namgu

October 2021

NEVER FORGET YOU ALL

"For Your Tomorrow,
We Gave Our Today"

The Wall of Remembrance in the UN Memorial Cemetery with the engraved names of 40,896 UN Fallen.

This issue is published by Namgu District in memory of the fallen who paid the ultimate sacrifice for Korean freedom

부산 남구가 2021년 유엔기념공원 조성 70주년을 맞아 발행한 특집 매거진.
ⓒ부산 남구청

11. 부산시민, 2300개 촛불을 든 까닭은?

부산시민 수천 명이 2012년 10월 25일 밤 9시 유엔기념공원에서 세계 평화의 촛불을 치켜들었다. 2300여 명의 시민이 든 건전지 촛불로 거대한 'UN PEACE' 문구를 만드는 장관이 연출됐다.

부산시와 (사)국제평화기념사업회는 '제2회 유엔평화대축전'(2012년 10월 25~27일) 행사의 하나로 '유엔 피스 몹' 퍼포먼스를 기획했다. 6·25전쟁 때 목숨을 걸고 한국과 세계 평화를 지키다 유엔기념공원에 안장된 2300여 명의 넋을 기리고 평화의 의미를 되새기기 위해 같은 수의 시민이 참여했다. 유엔 피스 몹은 전쟁의 비극을 씻는 춤 공연, 시민 2300명의 참배, 세계인에게 보내는 어린이의 평화편지 낭독, 참여 시민의 합창, 건전지 촛불로 'UN PEACE' 구현 순으로 진행됐다.

이날 오후 7시 개막 행사로 평화음악회가 부산문화회관 광장에서 열렸다. 인순이 한영애 안치환 남경주 등 인기가수와 첼리스트 정명화, 부산시립소년소녀합창단 등이 평화를 노래했다. 26, 27일에는 청소년 인문학 서점 '인디고 서원'이 주관하는 '유엔 평화 콘퍼런스'도 해운대구 벡스코에서 열렸다. '세계 평화를 위한 새로운 세대의 탄생'을 주제로 한 컨퍼런스에는 세계적 생태주의 디자이너 윤호섭 국민대 교수, 메리와

인 애슈포드 노벨평화상 수상자, 기운도시 캐나다 지구미래 만들기 프로젝트 대표가 강연자로 나섰다. 코레일은 27일 오전 7시 40분 서울역을 출발해 부산으로 오는 외국인 전용 유엔평화열차를 운영했다.

12. 네덜란드 참전용사협회 "참전용사 인정 못 받은 응어리, 한국인 배려로 풀겠다"

–네덜란드 참전용사협회(VOKS) 레오 슈뢰더스 사무국장 기고

네덜란드는 한국전쟁 때 유엔의 요청을 받고 전투부대를 보낸 국가 중 하나이다. 총 4747명의 네덜란드 육군과 해군 대원이 한국전쟁에 참전했고 그중 육군 병사들은 모두 지원병이다. 이들은 꼭 한국을 해방시키기 위해서만 싸운 것은 아니었다. 2차 대전 직후여서 이들 중 일부는 직업이 없거나 돈이 필요했다. '모험'을 원한 이도 있었다. 더욱이 전쟁터에서 돌아오면 네덜란드에서 직업 군인이 될 수도 있었다. 하지만 이들은 한국에서 자신들을 기다리는 것이 무엇인지는 알지 못했다.

부산에 도착한 네덜란드 병사들은 반호이츠연대(Van Heutsz Regiment)에 배속됐다. 이 부대는 덴 오우덴 중령이 지휘했다. 네덜란드 참전 부대는 '유엔 파견 네덜란드 부대(NDVN)'로 불렸다. NDVN 소속 네덜란드 군인 123명이 한국전쟁에서 사망하고 수백 명이 부상을 입었다.

전쟁은 끔찍하지만, 전쟁을 경험하지 않은 이들이 이해하기는 어렵다. 비록 2차 세계대전이 막 끝났지만, 네덜란드 사람들은 한국에서 무슨 일이 일어나고 있는지 전혀 알지 못했

다. 1953년 7월 휴전 후 군인들이 돌아왔을 때, 이들의 희생을 이해하는 네덜란드 국민은 거의 없었다. 왜 지구 반대편 나라의 전쟁에 자원하는지 말이다. 이 때문에 참전용사들은 가족, 친구, 지인들에게 한국전쟁에 관해 이야기할 수 없었다. 주위로부터 이해나 인정을 받지 못했고 많은 참전용사는 악몽과 심리적 문제로 고통을 받았다.

한국전쟁에서 싸운 군인 중 택 대위와 슈뢰더스 중위가 있었다. 한국전쟁 이후 두 사람은 군 생활을 성공적으로 이어갔고 각각 장군과 대령으로 은퇴했다. 퇴역 직후, 택 장군과 슈뢰더스 대령은 한국전쟁에 참전한 네덜란드 군인들이 모일 협회를 만들기로 결심했다. 협회는 1977년 결성되었는데, 그게 바로 VOKS로 알려진 '네덜란드 한국전 참전용사협회'이다. 1200명이 넘는 한국전쟁 참전용사들이 모였다. 전사했거나 부상당한 이들을 기리는 추모행사와 상봉행사가 마련됐고 이러한 만남이 진행되는 동안 사내들은 마침내 집에서조차 말하지 못한 그 끔찍한 전쟁에 대한 속내를 털어놓을 수 있었다.

반호이츠연대는 헤이그 주재 대한민국 대사관 및 한국의 국가보훈처와는 처음부터 우호적인 접촉을 가졌다. 수많은 네덜란드 참전용사들은 전쟁 이후 한국이 어떻게 회복되었는지 보기 위해 한국을 방문했다. 이때 한국 국민들이 우리 참전용사들에게 보여준 존경심은 압도적이었다. 네덜란드에서는 없던 그 '존경'을 한국에서 찾은 것이다. 한국 방문에 필요한 비용 대부분은 한국 정부가 부담했는데 이는 노병들에게 깊은 인상을 남겼다.

한국전쟁에서 숨진 전우를 추모하는 열망은 여러 개의 기념비를 만들었다. 그중 하나가 1959년 12월 19일 네덜란드 남부의 작은 도시 외르스호트(Oirschot)에 세워진 한국전쟁 기념비이다. 이 기념비는 한국전쟁에서 사망하거나 실종·부상당한 '유엔 파견 네덜란드 부대(NDVN)'의 모든 군인을 상징한다. 매년 이 기념비 앞에서 추도식이 열리는데 NDVN에 배속돼 함께 싸우다 죽거나 다친 한국군 카투사들도 함께 추모된다.

1982년 2월 12일 로센달(Roosendaal) 병영에 또 다른 기념비가 세워졌다. 1982년부터 매년 2월 12일, 네덜란드 부대가 강원도 횡성 인근 야산에서 벌인 가장 큰 전투를 기리는 추모식이 여기서 열린다. 횡령전투에서 덴 오우덴 중령을 포함해 17명이 매복한 중공군의 공습으로 사망했다.

많은 기념행사 장소들 가운데 특별한 곳이 있다. 바로 헤이그에 있는 이준평화박물관(이준열사기념관)이다. 이준 열사는 1907년 7월 네덜란드 헤이그에서 열린 제2차 만국평화회의에 참석하기 위해 파견된 한국 대표단의 일원이었다. 이 열사는 '대한민국은 독립국가이고 일본의 침략은 불법'임을 국제사회에 호소하라는 임무를 받았다. 그러나 그는 1907년 7월

14일 의심스러운 죽음을 맞았다. 그는 헤이그에 있는 니유 에이켄두이넨 묘지에 묻혔다가 1963년 9월 26일 시신이 한국으로 옮겨져 재안장됐다. 1977년 7월 14일 그의 70번째 사망일에 니우 에이켄두이넨에 묘지에서 그의 기념비가 공개됐다. 이준이 사망한 호텔에는 현재 이준평화박물관이 있고 매년 7월 14일 그를 추모하는 행사가 열린다. 한국전 참전용사들과 참전용사협회 대표단은 항상 그 특별한 행사에 참석하고 있다.

네덜란드 한국대사관과 국가보훈처와의 협력은 훌륭하다. 재방한도 정기적으로 이뤄져 네덜란드 참전용사들이 한국을 방문할 수 있도록 돕고 있다. 또한 네덜란드에서는 대한민국 대사가 국방부 최고위직과 정기적으로 만나고 기념행사에도 참석한다.

매년 대한민국 대사관에서 열리는 재향군인 초청 행사는 매우 인상적이다. 참전용사의 숫자가 계속해 줄고 있지만, 매년 100명 이상의 참전용사들이 네덜란드 한국전 참전용사를 기리는 이 행사에 참석하고 있다.

생존 참전용사의 규모는 빠르게 감소하고 있다. 논리적으로, 이들의 연령은 현재 85세에서 100세 사이이기 때문이다. 현재, 103명의 생존 참전용사들이 VOKS 회원으로 있다. 협회는 148명의 기부자를 보유하고 있는데, 이들 대부분은 한국전 참전용사들의 자녀 혹은 손주들이다.

택 장군과 슈뢰더스 대령은 몇 해 전 세상을 떠났다. 현재 한국전 참전용사들은 너무 고령이 되어 VOKS 이사직을 수행할 수 없게 되었다. 그래서 몇 년 전 나를 포함해 참전용사 자녀 몇 명이 이사회를 맡는 아이디어를 냈다. 협회는 마지막 한 명의 참전용사가 떠나는 그날까지 유지될 것이다.

■ 네덜란드 반호이츠 연대

네덜란드는 한국전쟁 당시 함정과 함께 육군으로 반호이츠 보병 연대를 파병했다. 과거 네덜란드 동인도 J.B. 반 호이츠 총독의 이름에서 유래된 반호이츠(Van Heutsz) 보병연대는 1950년 7월 1일 창설돼 지금까지 운용 중인 네덜란드 왕립 육군 보병부대이다. 1950년 10월 26일 연대 내 한국전 보병부대를 파병해 미군 제2사단에 배속, 1951년부터 1953년까지 강원도 철의 삼각지대에서 주요 전투에 참가했다. 전쟁 기간 124명이 전사해 그중 지휘관인 덴 오우덴 중령을 포함해 120명(사후 안장자 3명 포함)이 유엔기념공원에 안장되어 있다. 네덜란드 군인들을 도와 함께 전투에 참가한 한국군 카투사 20여 명도 전사했다. 샤르스베르헨에 주둔한 반호이츠 연대 내에 설치된 부대 박물관에는 한국전 컬렉션이 전시되어 있다.

슈뢰더스 대령

네덜란드 참전용사협회 2019년 모임 단체기념촬영

유엔기념공원에 안장된 덴 오우덴 중령 묘비

13. 스웨덴과 부산 이어준 어머니의 6·25전쟁 간호장교 참전

-부산 스웨덴야전병원 근무 고(故) 뷔비 블롬베리의 딸 피아 블롬베리 기고

2017년 3월 어느 오후, 큰아들 비요르에게서 전화가 왔다. "어머니, 이번 가을에 한국에 가시겠어요?"라고 물어왔고 나는 한치의 머뭇거림 없이 "물론이지"라고 답했다. 마침내 나는 그렇게 한국을 갈 수 있었다. 나는 아주 오래전부터 한국 방문을 고대해왔다. 그것은 아주 특별한 한 사람, 바로 돌아가신 나의 엄마 때문이었다.

한국전쟁 그리고 엄마의 삶

엄마(뷔비 블롬베리)는 젊었을 때 간호사이자 자원봉사자로 한국전쟁에 참전했다. 엄마는 1953년 11월 15일 부산에 도착했는데 그날은 엄마의 서른 살 생일이었다. 엄마는 부산 스웨덴 야전병원(정식 명칭 스웨덴적십자야전병원)에서 근무했다. 부서 관리자였는데 군대 계급으로 치면 중위급에 해당한다. 병원에는 아이들이 많았는데 대부분 야외에서 수류탄이나 폭약을 가지고 놀다가 중상을 입어 병원에서 치료를 받았다. 이들 중 일부는 안타깝게 고아가 되었다. 이 아이들을 치료하는 의사와 마취의사의 수술을 돕는 것도 엄마의 임무 중 하나였다. 병원 밖으로 나가 주민들에게 예방주사를 놓거나 기생충을 없애는 일도 했다. 엄마를 포함해 의료진들은 자주 바다로 갔는데 그곳에서 마음의 평화와 활력을 다시 찾았다. 엄마는 1953년 크리스마스이브 날 일을 곧잘 들려주곤 했다. 엄마와 직원 한 명이 병원 보안구역 밖으로 나가 전나무 한그루를 꺾어 와 손으로 만든 각종 장식물로 장식을 했는데 그 덕에 병원 내 모든 환자들이 크리스마스 기분을 느낄 수 있었다. 그날 밤, 여러 언어로 된 크리스마스 캐럴 '고요한 밤'이 병원에 울려 퍼졌고 엄마는 그날 밤의 추억을 결코 잊지 못했다. 한국 전통결혼식에 초대된 일화도 들려주셨는데 그 기억도 가슴 깊이 간직했다. 또 비번인 날이었는데, 낙하산을 등에 멘 채 레이다 감시망 아래에서 좌석도 없는 텅 빈 비행기를 타고 칠흑 같은 야간 비행을 감수했던 이야기도 들려주었다.

엄마가 한국에 가려고 마음먹었을 무렵 미래의 남편인 아빠를 만났다. 아빠는 엄마에게 결혼 프러포즈를 했고 엄마는 승낙했지만, 결국엔 아빠를 두고 한국으로 가야만 했었다. 1954년 5월 4일 엄마는 고향인 스웨덴의 보덴으로 돌아왔고 그곳에서 아빠와 결혼을 했다.

나는 1955년 1월에 태어났다. 슬프게도 아빠는 내가 태어나고 3개월 뒤에 병으로 돌아가셨다. 엄마는 65세 은퇴할 때까지 병원의 응급 및 수술 부서의 관리자로 근무했고 일본과 한국으로 한 달간의 여행을 다녀왔다. 엄마는 스톡홀름에 있는 한국대사관 행사에 수차례 참석했고 대사관은 엄마의 생일을 늘 챙겼다. 엄마의 장례식에 전 국방부 장관 내외가 참석하기도 했다.

한국에서의 추억은 엄마의 일생에 대단히 많은 영향을 주었다. 심지어 삶에 대한 가치관과 나의 양육 방식에도 영향을 끼쳤다. 엄마가 들려준 이야기와 기억은 나로 하여금 한국의 흥미로운 문화와 역사, 종교, 음식, 예술 그리고 아시아에 관심을 두게 만들었다.

엄마는 2014년 2월 13일 가족들이 지켜보는 가운데 91세 일기로 돌아가셨다. 숨을 거둘 때까지 엄마의 정신이 아주 맑았다. 나는 두 팔로 엄마를 꼭 껴안았다. 우리 가족은 엄마의 영혼이 자유로울 수 있도록 창문을 열었다. 그리고 장례식 전날 나는 엄마의 관을 색칠했다. 관 주위로 내 손자국을 찍고 엄마의 고향 마을에서 가져온 꽃도 수놓았다. 나는 엄마가 돌아가시고 나서 엄마의 유품을 정리하는 과정에서 엄마가 한국을 얼마나 사랑했는지를 더 깊이 알게 되었다.

엄마의 흔적을 찾아 부산으로

통화를 끊고 비요르는 항공편과 호텔 예약을 모두 끝냈다. 3월 바깥은 여전히 땅에 눈이 쌓여 있어 가을이 올 때까지 기다리는 것은 마치 100만 년이나 멀게 느껴졌다. 2017년 당시 한국의 정치 상황은 매우 불안정하고 격렬했다. 친구 몇몇은 나에게 한국 방문을 하지 말 것을 조언하기도 했다. 하지만 나는 조금도 두렵지 않았다. 칠흑 같은 밤에 낙하산을 메고 총에 맞을 것을 각오로 비행기에 올랐던 엄마와 동료들의 전쟁 당시 상황에 비할 바가 아니었기 때문이었다.

도무지 올 것 같지 않던 한국으로 떠나는 10월 26일이 마침내 밝았다. 마음이 설레 뜬눈으로 밤을 새웠다. 마지막으로 여행 서류와 가방을 차례대로 체크했다. 남편의 배웅을 받으며 아들 비요르와 11살 손자 빌메르와 함께 비행기에 올랐고 중국 베이징을 경유해 드디어 한국에 도착했다. 길고 지루했던 비행과 환승 과정에서 수화물이 뒤늦게 실리는 등의 우여곡절이 있었지만, 한국에 왔다는 사실만으로 우리는 행복했다.

서울에서 이틀을 보내며 판문점과 전쟁기념관을 방문했다. 다음 날 우리는 서울역에서 고속열차(KTX)를 이용해 부산으로 향했다. 현기증을 잘 느껴 열차 여행이 걱정됐지만 상관없었다. 우리 셋은 환상적인 여행을 하고 있다는 데 모두 동의했다.

부산, 수도 없이 꿈꾸고 상상만 해 온 바로 그곳. 엄마가 젊은 간호사로 왔던 그때와 지금은 어떻게 달라졌을까. 엄마의 사진에서 봤던 그 사람들이 혹시 아직 살아 있지 않을까. 만

일 엄마가 치료했던 그 사람들을 만나게 된다면 하고 싶은 질문이 너무나도 많다. 엄마가 근무했던 그 병원이 지금도 존재하고 있을까. 엄마가 걸었던 그 복도를 내가 걷고 엄마가 봤던 것들을 내가 볼 수 있기를 희망한다.

나와 엄마는 대단히 친밀했다. 엄마는 한국에서 돌아와 곧바로 아빠와 결혼을 했다. 슬프게도 아빠는 매우 아팠고 내가 겨우 3개월 아기였을 때 세상을 떠나셨다. 내 곁에는 언제나 엄마뿐이었다.

엄마는 대단히 특별한 분이셨다. 매우 올곧고 정직했으며 다른 이들에게 관대하고 친절하고 공정했다. 삶에 있어 긍정적이었고 인생을 열심히 살았으며 어떤 상황에도 좌절하지 않는 용감한 여성이었다. 엄마는 내게 최고의 유년 시절을 선물했다. 모든 시간을 엄마와 함께했고 지금도 그것에 감사한다. 그런 엄마의 삶을 만들어준 나라를 내가 찾아온 것이다.

호텔에 짐을 풀고 유엔기념공원을 찾았다. 잔디와 꽃이 가득한 13만 5000㎡의 아름다운 공간은 우리로 하여금 이곳에 잠든 이들을 기억하고 존경하게 만들기에 충분했다. 이들은 영웅이고 이들을 존경하는 것이 우리의 의무이다.

참전용사의 딸이라는 영광

이어서 언덕 위 유엔평화기념관을 방문했다. 때마침 스웨덴으로부터 기증받은 사진으로 전시회('전선의 의사들')가 열리고 있었다. 엄마가 일했던 그 병원 사진도 몇 장 보였다.

비요르가 기념관 직원들과 잠시 대화를 하던 중 내가 한국전쟁 당시를 기록한 멋진 앨범을 가지고 있다고 말하자 그들은 그 사진들을 기념관에 기부할 수 있는지를 물어왔다. 하지만 그 앨범은 엄마가 나에게 남긴 전부이기 때문에 그럴 수는 없다고 답했다. 그들은 내 뜻을 이해했고 곧이어 진열장에서 가방 하나를 꺼내 한국을 도와준 엄마를 대신에 나에게 선물을 하고 싶다며 건네는 것이 아닌가. 당황스럽고 이해가 되지 않아 나에게 이런 호의를 베푸는 이유를 물었다. 직원들은 엄마는 한국전 참전용사이며 내가 명예롭게 선물을 받을 자격이 있다고 설명했다. 나는 "엄마는 간호사이지 군인이 아니었으며 전쟁 때 사망하지도 않았다"고 말했다. 하지만 그들은 전쟁에 참가한 모든 이들이 참전용사이며 나에게 "참전용사의 딸"이라고 했다. 아, 엄마가 이 말을 들었더라면 얼마나 좋았을까. 또 내가 느낀 이 영광스러운 감정을 엄마도 느꼈더라면 얼마나 좋았을까. 비요르가 사태를 수습하기 전까지 나는 감격에 겨워 흐르는 눈물을 주체할 수 없었다.

한국에서의 마지막 날 아침, 나는 혼자서 스웨덴야전병원이 있던 현장(부산 부산진구 부전동 롯데백화점 부산본점 인근)을 방문하기로 했다. 그곳을 방문하기 위해 한글 쪽지도 준비했다. 그 장소에서 어떤 느낌을 받을지 상상하려 애썼다. 택시를 타고 고속도로처럼 보이는 어느 교차로에서 내렸다. 길을 잃은 것 같았다. 여러 곳을 헤매다 백화점 직원의 친절한 안내를 받고서야 비로소 스웨덴참전기념비를 찾았을 수 있었다.

스웨덴야전병원은 미국을 제외한 최초의 의료지원단이었다. 휴전협정 이후에도 1957년까지 부산에 남아 민간인을 상대로 의료 활동을 펼쳤고 한국 철수 이후에도 서울에 스칸디나비아 훈련 병원을 개원해 한국 의료진을 양성하는 데 앞장섰다. 그런데 스웨덴참전기념비가 이렇게 꼭꼭 숨어 있다는 사실에 허탈감을 느꼈다. 나는 좀 더 다른 것을 상상했었는데 현실은 슬프고 혼란스러웠다.

부산타워를 둘러본 뒤 자갈치시장에서 아들과 손자를 다시 만났다. 나는 해산물을 좋아해 부산에 살았다면 자갈치시장의 단골이 되었을 것이다. 늦게 호텔에 돌아와 샤워하고 잠에 곯아떨어졌다. 내일이면 베이징 경유를 포함해 스웨덴 집까지 72시간 걸리는 먼 일정을 소화해야 한다. 이번 여행은 대단히 성공적이었고 기대 이상이었다. 하지만 나의 한국여행은 끝이 아니라 이제부터 시작이다.

■ **피아 블롬베리**(Pia Blomberg) **씨**

스웨덴 참전용사 고(故) 뷔비 블롬베리(Wivie A. Blomberg) 간호사의 외동딸로 2017년 10월 첫 한국 방문 이후 매년 한국을 찾고 있다. 뷔비 블롬베리 간호사는 2018년 한국 정부로부터 '평화의 사도 메달'을 사후에 수여받았다.

6·25전쟁 당시 부산 스웨덴병원에 근무 중인 뷔비 블룸베리

부산 부산진구 서면 롯데백화점 부산본점 옆에 있는 스웨덴 참전기념비, ⓒ오상준

피아 블룸베리

14. 유엔기념공원은 망자 통해 산자 치유…
국경 초월 인류 화합 보여줄 유일한 공간

-이홍곤 국제신문 문화사업국장, 국제신문 2018년 12월 11일 27면 칼럼

지난달 중순 우편물을 하나 받았다. 발신자는 부산 남구청. 타블로이드판 신문 2부였다. 하나는 국문판, 다른 하나는 영문판이었다. 제호는 'NEVER FORGET YOU ALL(그대들, 모두를 잊지 않겠습니다)'. 지난달 11일 유엔기념공원에서 6·25전쟁 전몰용사를 추모하는 국제행사인 '턴 투워드 부산(Turn Toward Busan)'이 열렸을 때 참석자들에게 나눠주기 위해 남구청이 특별히 만든 신문이었다. '턴 투워드 부산'은 캐나다의 6·25 참전용사 빈센트 커트니(89) 씨가 2007년 제안, 22개 참전국에서 매년 11월 11일 오전 11시(한국시간) 전몰장병이 안장되어 있는 유엔기념공원 쪽을 향해 1분간 묵념하는 행사다. 2008년부터 국가보훈처가 추모 행사를 열고 있다.

20쪽 분량의 국문·영문 2000부씩 모두 4000부가 발행된 이 신문은 행사 당일 영문과 국문 버전 2000부가량이 배포됐다. 남구청은 이후 이 신문을 국내 주재 22개 참전국 대사관에 우편으로 발송했고, 앞으로 해외 참전용사 단체 등에 보낼 예정이다. 이 신문에선 특히 유엔기념공원에 안장된 2297명의 전몰장병 명단의 편집이 눈에 띈다. 나라별로 모두 8개 면

에 걸쳐 실린 명단에는 전물장병의 풀네임과 계급, 소속 부대, 사망 일자 등 구체적인 인적 사항을 담아 동료 참전용사나 유족이 지면을 통해 확인할 수 있게 배려했다. 일종의 지상(紙上) 롤콜(ROLL-CALL OF FALLEN·호명식)인 셈이다.

단순 기록물에 그치지 않고 읽을거리도 흑백사진과 함께 담았다. '전쟁고아의 아버지' 위트컴 장군이 한국인보다 더 한국을 사랑한 이야기, 가슴을 저미는 사후 안장자 및 합장묘 사연들, '턴 투워드 부산'을 제안하고 유엔기념공원에 캐나다 전몰용사 기념비를 세운 신문기자 출신의 빈센트 커트니 씨와 전쟁 당시 2년 6개월간 시신수습팀으로 복무하며 90여 명의 주검을 거둔 영국군 참전용사 제임스 그룬디(88) 씨의 기고문 속의 한국 사랑은, 우리가 그들을 백년손님처럼 대해야 하는 이유가 들어 있다.

이 글을 보며 4년 전 미국 현지 취재 후 '6·25 참전용사의 한국 사랑'이라는 기획기사를 연재한 적이 있는 기자는 그때 만난 분들이 오버랩됐다. 수술 후 몸 상태가 좋지 않았지만 코리아 기자가 온다는 말에 한파가 몰아치는 와중에도 최상의 몸 상태를 만들었다는 미주리주의 한 참전용사는 눈물을 글썽이며 악수 대신 기자를 안아주었고, 뉴욕의 또 다른 참전용사는 거실 테이블에 전쟁 당시 작전 지도와 빛바랜 사진, 군부대 마크, 각종 훈장 및 배지 등을 꺼내놓고 기자를 기다렸다. 백발의 노병들은 피로 지킨 코리아를 절대 잊지 않고 있었다.

참전용사의 이런 일방적인 한국 사랑에 정작 은혜를 입은 우리는 그들을 어떻게 대하고 있을까. 올해 '턴 투워드 부산' 행사 땐 단 한 명의 참전용사도 초청하지 않았다. 대신 유족만 일부 초청했다. 아이러니가 아닐 수 없다. 그들의 연령은 현재 80대 후반에서 90대 초반이다. 5년 후면 아마 초청해도 기력이 없어 올 수 없을 것이다. 아무리 '영혼 없는 공무원'이라는 비아냥을 듣고 있다 해도 이런 점은 간과할 수 없는 문제가 아닌가. 그렇지 않다면 수도권이 아닌 지역에서 열리는, 생색 안 나는 행사라 그런 건가. 4년 전 기자가 만난 대부분의 미국 참전용사는 목숨 걸고 싸운 당시의 전장과 부산의 유엔기념공원을 방문하는 것이 소원이었다. 오죽했으면 이 사실을 두고 한 참전용사는 국내 한 영자신문에 이메일을 보내 "한국은 6·25 참전용사들에게 등을 돌렸다"고 불만을 토로했을까.

이번 신문 발행을 계기로 본 정부의 참전용사에 대한 인식도 기대 이하였다. 청와대에 이 신문 발행의 취지를 설명하고 대통령의 인사말을 공문으로 부탁하자 전례가 없다고 거절했고, 주무기관인 보훈처 역시 신문 발행의 취지에는 관심이 없고 이 신문이 '턴 투워드 부산' 행사에 방해가 안 됐으면 한다고 신문 제작에 부정적인 반응을 보였다고 한다. 이역만리 이름도 들어보지 못한 조그만 나라에서 목숨 걸고 싸운 이들에 대한 대접이 너무 야박하지 않은가.

이참에 유엔기념공원의 중요성에 대해 언급하고자 한다.

이곳은 유엔이 관리하는 전 세계에서 유일한 전몰장병 묘지다. 여행작가 패트리샤 슐츠가 쓴 『죽기 전에 가봐야 할 곳 1000곳』이라는 책이 있다. 하지만 1000곳 중 한국에는 한 곳도 포함돼 있지 않다. 남구청이 발행한 신문 마지막에 이런 대목이 나온다. '만일 작가 슐츠를 만날 기회가 있다면 죽기 전에 가봐야 할 1000곳으로 추천하고 싶은 곳이 바로 유엔기념공원'이라고. 망자를 통해 산 자가 치유되는, 세계에서 가장 거룩한 공간이며 동시에 국경을 초월해 인류가 화합할 수 있음을 보여줄 수 있는 상징이기 때문이다. 자체 신문 제작으로 남구청은 이미 마중물을 부었다. 이제 부산시와 부산관광공사가 나설 차례인 것 같다.

부산 남구 대연동 대연오거리에 높이 12.05m의 '유엔 기념탑'이 있다. 이 탑은 1975년 건립됐다. ⓒ국제신문

Ⅵ 위트컴 장군 넓게 읽기

1. 소설 위트컴 '유엔공원에 핀 휴먼 스토리: 아름다운 선물'

–정인 소설가, 국제신문 2013년 7월 22일, 29일 게재

할머니는 내게 작고 도톰한 노트를 한 권 남겼다. 돌아가시기 직전이었다. 노트는 옛날 것 같지 않게 고급스러웠다. 가죽장정이었는데, 손때가 묻어 반질거렸고 마지막까지 애지중지한 듯 모서리가 닳아 있었다. 노트 속에는 한문과 영어를 섞어 쓴 할머니의 글씨가 빼곡했다. 무엇보다 인상적인 것은 표지 안쪽에 외국인의 사인이 있는 것이었다. 리차드 위트컴. 그 이름은 'Dear YoungSun'이라 쓴 아래쪽에 선명하게 적혀 있었다. 영순은 할머니의 이름이었다. 그의 이름은 넘기는 페이지마다 등장했다. 호기심이 일었지만 우선 덮어두었다. 그 후, 노트에 대해선 깜박 잊어버렸다. 할머니가 내게 남긴 유산을 정리하느라 경황이 없어서였다.

할머니의 유산이 내게 온 것은 뜻밖이었다. 생전에 내 것은 네 것이라는 말씀을 흘리듯 한 적이 있지만 그런 일이 진짜 생기리라고는 생각해본 적이 없었다. 우리는 피 한 방울 섞이지 않았고, 할머니가 그동안 베풀어준 것만으로도 과분했다. 할머니는 내 할머니와 언니 동생하며 지낸 사이였다. 내 할머니는 홀로 나를 키우다가 십여 년 전에 돌아가시면서 나를 할머니께 부탁했다. 나는 그때 이미 성년이 되어 타인의 도움이 없

어도 살아가야 할 나이였다. 하지만 부탁을 받은 할머니는 내게 극진했다. 그에 비하면 나는 좀 의례적이었다. 때로는 지나친 관심이 간섭 같아서 성가시기도 했다. 그런데 할머니가 평생 운영했던 보육원을 내게 남긴 것이다. 퍽 부담스러운 유산이었다. 나는 할머니처럼 평생 인간애를 실천하면서 근검절약 속에 살 만한 종류의 인간이 아니었다. 내 배만 부르면 남의 것 탐내지 않고 적당히 즐기며 살자는 주의였다. 그런 내게 사랑과 사명감 없이 운영한다면 도둑이 되기 십상인 보육원을 남겨 놓았으니 몹시 심란했다.

할머니의 노트가 생각난 것은 'ㄱ신문'의 기사 때문이었다. ㄱ신문은 부산이야기의 스토리텔링 작업 중 하나로 6·25전쟁에 참전한 외국 용사들을 소개하고 있었다. 그 중 한 사람이 1953~54년에 부산 미군군수기지사령관을 역임한 리차드 위트컴(Richard S. Whitcomb·1894~1982)이었다. 그는 한국 여인과 결혼해 한국에 살다가 1982년 미 8군에서 영면했을 정도로 한국과 인연이 깊었다. 그제야 노트가 생각났고, 언젠가 할머니로부터 그에 대한 얘기를 들었던 것도 같았다. 그때, 할머니의 얼굴이 밤하늘의 별을 우러르는 것처럼 아득하고 그리운 표정이었던 것도 떠올랐다. 나는 서둘러 그동안 잊고 있었던 할머니의 유품상자를 꺼냈다.

상자 속에는 할머니의 소박했던 삶이 압축되어 들어 있었다. 반들반들하게 손때가 묻은 백팔 염주, 금강경 한 권, 테가

동그란 돋보기안경과 노트. 그것이 할머니가 75년을 살고 남긴 유일한 물건이었다. 새삼 잡다한 물건들로 가득 찬 내 방을 돌아보았다. 나는 한숨을 내쉬며 노트를 펼쳤다.

'이 노트는 푸른 눈의 장군 할아버지께서 주신 것이다. 내 인생에서 가장 아름답고 소중한 선물이다'.

나는 잠시 뜨악했다. 글귀 아래에 1953년 12월 24일이라는 날짜가 박혀 있었다. 얼른 꼽아보니 할머니가 열 여섯 살 때였다. 그때 무슨 일이 있었나. 나로선 두 사람의 연관성을 도저히 헤아릴 수가 없었다. 그 나이에 어떻게 할머니가 위트컴 장군의 사인이 든 노트를 선물로 받았단 말인가. 나는 신문을 통해 리차드 위트컴이 어떤 인물인지는 대략 알고 있었다. 그는 전쟁의 참화로 고통을 겪는 가난한 나라에서 투철한 사명감으로 인류애를 실천한 사람이었다. 그 과정에서 두 사람의 인연이 어떻게든 닿았으리란 짐작이 들기는 했다. 나는 궁금증을 풀기 위해 서둘러 페이지를 넘겼다.

'졸지에 거지가 될 뻔한 우리에게 잘 곳과 먹을 것을 제공한 파란 눈의 장군 할아버지가 크리스마스 선물을 갖고 오셨다. 나는 이 노트를 골라 사인을 해달라고 모기처럼 작은 소리로 말했다. 장군 할아버지는 날 격려하려는 듯 '굿! 프리티'라며 멋진 사인을 남겨주었다. 가까이서 본 장군 할아버지는 훤칠하고 인자한 모습이었다. 나도 열심히 공부해서 할아버지처럼 불쌍한 사람들에게 도움이 되는 사람이 되고 싶다. 앞으로 이 노트에 많은 얘기를 써야지'.

나는 고개를 들었다. 16세의 어린 할머니가 꾀죄죄하고 깡마른 모습으로 수줍음을 견디며 위트컴 장군 앞에 노트를 내밀고 있는 모습이 눈에 선했다. 할머니는 부드러우면서도 의지가 강한 여인이었다. 그 의지에 불을 붙인 것이 리차드 위트컴 장군인 것을 비로소 알 수 있었다. 만약 그때 그를 만나지 않았다면 할머니는 평생 오갈 데 없는 아이들을 돌보는 대신 다른 일을 했을 수도 있었다. 기사에 의하면, 위트컴 장군은 당시 '한국 고아의 아버지'로 불렸다. 한 인간의 훌륭한 삶은 누군가의 영혼에 아름다운 뿌리를 내리는 것이다. 나는 겨우 열여섯 살의 소녀가 전쟁의 폐허 속에서 벌써 생의 좌표를 세운 것에 놀라움을 느끼며 다음 글을 읽었다.

'1953년 11월 27일 밤 8시 30분 경 일어난 화재는 많은 사람들의 집을 빼앗아갔다. 우리가 사는 영주동 판자촌에서 시작된 불은 동광동을 지나 중앙동 부산역까지 번졌다. 도시가 온통 불바다였다. 그렇게 무서운 일은 아버지와 오빠의 죽음을 목격한 후 처음이었다. 불 탄 집이 6000여 가구에, 29명이 죽고 이재민이 삼만 명이라 했다. 불은 열 시간도 넘게 타올랐다. 그 날, 집을 잃은 사람들이 지금 미군들이 지어준 천막촌에 살고 있다. 엄마는 병이 나서 누워만 있다. 나는 엄마까지 잃고 고아가 될 뻔한 위기를 넘긴 것만도 고마운데, 엄마는 갖은 고생 끝에 겨우 장만한 집을 잃었다며 날마다 운다. 엄마가 울어서 나도 운다. 아버지와 오빠가 너무 보고 싶다. 하지만 다시는 만날 수가 없다. 전쟁은 무섭고 끔찍한 재앙이다. 사람들은 파란 눈의 장군 할아버지가 우리가 두 번 죽을 걸 살렸다고 한다. 그 할아버지가 즉각 미군 창고를 열어 추위에 떠는 우리들에게 천막을 나눠주고, 입을 것과 먹을 것을 주었다. 불쌍한 사람을 돕는 것은 참 좋은 일이다. 나는 그분을 절대 잊지 않을 것이다'.

'장군 할아버지가 미국의회 청문회에 불려 가셨다고 권 씨 아저씨가 흥분해서 말했다. 학교에서도 같은 소문을 들었다. 천막촌 사람들은 모두 할아버지를 걱정했다. 할아버지는 미국인이면서도 부산을 위해 태어난 사람처럼 좋은 일을 많이 했다. 후원의 손길이 필요한 부산 지역 기관들과 88개 부대가 자매결연을 맺고 체계적으로 후원하도록 했다는 말도 권 씨 아저씨가 해 주었다. 또, 안 입는 옷, 선물, 돈, 그 외 여러 가지 물품들을 기부하라고 각 부대에 지시했다고도 했다. 권 씨 아저씨는 어디서 그런 소식을 듣고 오는지 참 많이도 알고 있었다. 나는 장군 할아버지가 좋은 일을 했는데 왜 의회에 불려갔느냐고 권 씨 아저씨에게 물어보았다. 아저씨는 군수물자를 민간인에게 나눠준 것이 위법이라고 말했다. 선행을 베푸는데도 법을 지켜야 한다? 나는 알쏭달쏭한 마음으로 천사 같은 할아버지가 무사히 돌아오기를 간절히 바랐다'.

나는 점점 더 그에게 흥미를 느꼈다. 아무리 위급상황이라고 해도 민간인을 위해 군수창고를 연 그의 결단력과 용기는 놀라운 것이었다. 그에 대한 소식은 한참 후 다시 이어졌다.

'저녁 해가 어스름해질 때쯤 권 씨 아저씨가 발에 바퀴나 달린 듯 급하게 뛰어들더니 통로에 서서 팔을 치켜들고 외쳤다. 전쟁은 총, 칼로만 하는 것이 아닙니다! 그 나라 국민을 위하는 것이 진정한 승리입니다! 그 말을 듣는 순간, 어쩐지 벅찬 감동이 밀려왔다. 아니나 다를까, 그 말은 미국 의회에 불려간 장군 할아버지가 국회의원들 앞에서 한 말이라 했다. 혼내려고 장군을 불렀던 의원들이 모두 일어나 박수를 쳤고, 장군은 오히려 더 많은 원조를 받아왔다고 했다. 아저씨의 말에 천막 안은 일시에 안도의 물결로 넘실거렸다. 모두들 말은 안 해도 장군 할아버지가 잘못될까 봐 마음을 졸인 것이다. 나는 엄마를 따라 감사의 기도를 했다'.

하루하루가 가시밭인 전쟁의 아픔 속에서도 사람에 대한 감동이 있는 천막촌의 풍경이 상상되었다. 역시 사람을 감동시키는 것은 사람인가 싶었다. 지금이라도 그를 찾아내지 않았다면 영영 잊혔을지도 모른다 생각하니 다행스러웠다. 리차드 위트컴은 할머니의 기억에만 남아 있기에는 업적이 참으로 많았다. 한 인간이 태어나 의미 있게 살기가 어디 쉬운가. 나는 거듭 내 삶의 자세를 돌아보았다. 어떻게 살 것인가. 그것이 문제였다. 할머니는 그 말을 하기 위해 노트를 남긴 것인지도 알 수 없었다. 다시 펼친 노트에는 이런 글도 있었다.

'오늘도 천막 안에선 리차드 위트컴 장군에 대한 얘기가 꽃을 피웠다. 장군 할아버지는 며칠 전 천막촌을 둘러보러 왔다가 보리밭에서 한 임산부가 아기 낳는 장면을 보았다고 한다. 충격을 받은 장군은 피난민촌에 당장 산원(産院)을 세우라고 명령했단다. 그 소식에 가장 기뻐한 것은 배가 부른 아지매들과 할머니들이었다. 그들은 삼삼오오 모여 앉아 장군을 핸섬한 미국인이라는 말로 치켜세웠다. 아지매들은 그 말을 풍채가 좋고 잘 생겼다는 뜻으로가 아니라 무조건 아주 좋다는 뜻으로 쓰는 것 같았다'.

할머니는 위트컴의 발자취를 계속 추적하고 있었다. 단순히 기록만 있는 것이 아니라 소설 형식을 띤 글도 있었다. 나는 호기심을 느끼며 그것을 읽기 시작했다.

나는 마음을 설레며 UN기념공원에 들어섰다. 장군의 죽음을 신문에서 본 후, 곧 오려 했지만 쉽지 않았다. 죽음의 흔적을 찾아간다는 것은 전쟁을 겪은 나로선 용기를 필요로 하는 일이었다. 나는 천천히 묘역을 걸어 들어갔다. 가을의 따스한 햇살이 넓은 묘역에 부드럽게 쏟아지고 있었다. 나는 장군의 묘가 어디쯤 있는지 알지 못했고, 알 수도 없었다. 부산에서 장군께서 한 일이 그렇게 많았으므로 공원 어딘가에 자취를 보관하고 있으리라 기대했던 마음은 물거품이 되었다. 몹시 의아한 일이었다. 전쟁 후의 어수선한 상황 속에서 아무리 장군의 행적이 다 기록될 수는 없었다고 해도, 장군 출신으로는 유일하게 UN기념공원에 안장된 그를 기릴 만한 자료 몇 개쯤은 보존하고 있어야 하는 게 아닌가 싶었다. 하다못해 장군이 썼던 군모나 만년필 한 자루라도…. 그렇게 부산의 재건을 위해 노력했는데 어째서 한 점 흔적도 없단 말인지. 나는 내 마음의 별이었던 장군 할아버지가 아무도 몰라보게 묻혀 있다는 것이 왠지 억울해서 자꾸 푸념이 나왔다.

묘를 찾기까지는 시간이 걸렸다. 하지만 얼마 후 무언가에 이끌린 듯 저절로 발길이 그쪽으로 향했다. 장군의 묘는 주 묘역 앞쪽에 있었다. 드디어 이름을 확인한 순간, 나는 장군 앞에 꽃을 바치며 무릎을 꿇었다. 너무 늦게 찾아온 것에 대한 사죄였다. 잠시 후, 나는 가방에서 내 생애 가장 아름다운 선물이었던 노트를 꺼냈다. 그 속에는 장군 할아버지의 행적을 좇아 어설프게 쓴 짧은 소설이 한 편 들어 있었다. 나는 언젠가 할아버지께 그것을 읽어드리고 싶었다.

"장군님, 우리 대학교의 미래를 위해 투자를 좀 해 주시지 않겠습니까?"

1954년 6월 8일, 윤인구 총장은 학교로 찾아온 장군에게 그림을 한 장 내보이며 말했다. 윤이 내민 것은 부산대학교의 청사진이었다. 장군은 무엇인지 짐작했다는 듯 빙긋 웃으며 그림을 집어 들었다.

"아시다시피, 작년에 우리 대학이 종합대학으로 승격은 했지만 부지를 구하는 문제나 건립 자금 등으로 애로를 겪고 있습니다. 좀 도와주시지요."

윤은 장군의 얼굴에서 눈을 떼지 않은 채 간곡히 말했다. 장군이 움직여만 준다면 일은 순조로울 터였다. 장군은 지난해 미2군수기지사령관으로 부임한 후 전후 복구에 총력을 기울이고 있었고, 대한미군원조처(AFAK)의 막강한 자금을 움직이고 있었다. 장군의 결단력과 의지는 지난해 부산역 화재 때 이미 본 적이 있었다. 그는 3만 이재민들을 위해 망설임 없이 군수창고를 열었고, 뒤이어 후생주택을 지어 이재민들의 보금자리를 마련해주었다. 장군은 정말 놀라운 사람이었다. 인도주의에 기초한 그의 활동은 곳곳에서 빛을 발하고 있었다. 이윽고 장군이 윤을 쳐다보았다.

"좋소. AFAK 자금에서 25만 달러의 자재를 지원하지요. 그 외에도 도움이 필요하면 언제든지 말하시오. 할 수 있는 한은 열심히 돕겠소. 교육은 어느 시대, 어디서나 가장 중요한 가치요. 당신의 노력을 존중하는 바요."

장군은 흔쾌히 대답했다. 윤은 그동안 어깨를 짓누르던 무거운 짐을 비로소 내려놓는 기분이었다. 윤은 일어나 허리를 굽히며 장군에게 감사의 악수를 청했다. 장군이 흐뭇한 웃음으로 윤의 손을 맞잡았다.

"윤 총장, 부산은 차츰 제 모습을 갖춰갈 것이요. 다음 달에는 드디어 메리놀병원이 기공식을 해요. 완성되기까지는 몇

년 걸리겠지만, 뭐든 시작이 중요한 거요. 난, 앞으로 병원을 더 많이 세울 계획이요. 그러면 전문 의료 인력이 갖춰질 거고, 전후 각종 질병들을 치료할 수 있을 것이요. 난, 이 나라에서 해야 할 일이 너무 많습니다. AFAK에서 진행해야 할 사업을 챙겨보니 191개나 돼요. 우리 함께 잘해 봅시다."

"장군님의 열정과 노력이 지금 부산에 생명의 기운을 불어넣고 있습니다. 장군님은 부산과의 인연이 아주 깊은 것 같습니다."

장군은 공감한다는 듯 고개를 끄덕이고는 창밖을 내다보았다. 막 전쟁을 끝낸, 헐벗고 굶주린 도시가 바로 곁에 펼쳐져 있었다. 그 도시에서 그는 어쩌면 생에서 가장 보람 있는 일을 하고 있는지도 모른다고 생각했다. 1916년 입대한 후 1차 세계대전과 2차 세계대전에 참전했고, 2차 세계대전 때는 아이젠하워와 밴플리트 장군을 도와 노르망디 상륙 작전에 참전해 프랑스 최고 무공훈장을 받고 별도 달았지만, 전쟁은 언제나 영광이거나 상처였다.

장군은 특히 부산에 대해서 애정이 깊었다. 피난민들로 넘치는 도시는 남루했지만 활기찼다. 한국인들은 전쟁의 고통 속에서도 절망하지 않았다. 다만 3년간이나 전쟁을 치른 후라 황폐하고 부족한 것이 너무 많았다. 장군은 그것을 조금이라도 더 빨리 복구하기 위해 수많은 계획들을 세워 실천해가면서 기쁨을 느꼈다. 하지만 그런 장군의 가슴에도 좀처럼 덜어

낼 수 없는 무거운 돌덩이가 하나 자리 잡고 있었다.

장군은 1950년 개마고원 장진호 전투(11월 26일~12월 13일)를 생각할 때마다 가슴이 저몄다. 직접 참전하지는 않았지만, 고국의 젊은이들이 영하 40℃를 오르내리는 타국의 혹한 속에서 싸우다가 절반 이상 목숨을 잃은 걸 생각하면 원통하기 짝이 없었다. 고작 1만의 해병사단이 12만의 중공군을 만나 싸울 때의 절박함과 처절함이 어땠을지는 보지 않아도 훤했다. 장군은 그 안타까운 죽음들을 생각하면서, 언젠가는 그들의 유골을 찾아 고국으로 돌려보내리라 마음먹고 있었다. 그 생각만 하면 얼굴이 어두워지는 것을 스스로 느낀 장군은 애써 밝은 미소를 지었다. 장군을 배웅하는 윤의 깊은 눈길이 장군의 얼굴을 살피다가 따라 웃었다. 윤은 먼지를 뿜으며 멀어져가는 지프의 뒷모습을 바라보면서 머잖아 모습을 드러낼 대학의 모습에 가슴이 설레었다.

장군이 계획한 병원 건립은 7월 29일 메리놀 병원의 기공식을 시작으로 더욱 활발해졌다. 하지만 기금이 부족했다. 장군은 병원신축기금을 마련하기 위해 여러 가지 방법을 동원했다. 장군이 직접 한복을 입고 시내를 돌아다니며 기금을 모으기도 하고, 부대원들에게는 월급의 1%를 병원신축기금으로 헌금하도록 지시했다. 또 각 기관들과 부대가 결연을 맺어 필요한 물자는 언제든 조달하도록 했다. 그 사이에 부산대학교 이전 계획은 착착 진행되었다. 윤은 금정산 기슭에 있는 일

본인 농장을 새 대학 부지로 확정했다. 윤으로부터 그 얘기를 들은 장군은 경남도지사와 이승만 대통령을 찾아가 설득했다. 결국 대학 부지는 무상 제공되었고, 즉시 온천장에서 부산대까지 이어지는 진입로가 닦이며 대학 부지 조성공사가 시작되었다.

2년 동안 전력을 다해 군수사령관직을 수행하고 퇴임한 장군은 여전히 전쟁고아들의 모습을 잊을 수가 없었다. 그의 뇌리에는 한창 부모의 손길이 필요할 나이에 고아가 되어버린 아이들의 순수한 눈망울과 궁핍에 시달린 모습들이 가득했다. 그는 조국에 돌아가는 대신 한국에 남아 더 많은 고아원을 짓고, 후원하는 일을 선택했다.

묘숙을 알게 된 것은 그즈음이었다. 그녀는 작고 가냘프지만 강인하고 용기 있는 여자였다. 남편과 이혼한 후 두 아이를 데리고 혼자 고아원을 운영하며 살고 있었다. 그녀는 자주 고아원 운영에 대해 장군과 의논하고 기부도 받았다. 어느 날, 그녀는 장군에게 지금까지와 다른 도움을 청했다. 미국 유학을 가려 한다면서 유학 정보를 부탁한 것이었다. 장군은 놀랐다. 그 부탁은 도저히 들어줄 수가 없었다. 장군은 생각다 못해 며칠 후 그녀에게 전화했다.

"좀 나와 주시오. 오늘은 한복을 입지 말고 양장을 하고 와요."

묘숙은 영문도 모르고 장군을 따라 갔다. 대사관 앞이었다. 그제야 장군이 그녀를 굽어보며 말했다.

"나와 결혼해 주시오."

갑작스러운 청혼에 그녀는 잠시 어리둥절했다. 장군은 초혼이지만 그녀는 재혼이었고, 두 아이가 있었으며, 두 사람의 나이 차가 서른이 넘었다. 하지만 그 어느 것도 그들을 방해하지는 못했다. 대사관에서 나왔을 때 그들은 이미 부부가 되어 있었다.

묘숙은 누구도 따라갈 수 없는 장군의 애국심과 인간애에 깊은 애정과 존경을 느꼈다. 장군은 공과 사를 분명히 할 줄 아는 신사였다. 결혼 후 장군은 매일 아침, 유학을 보낸 그녀의 딸에게 편지를 쓰면서 하루를 시작했다. 그녀의 딸은 곧 그의 딸이었다.

장군은 장진호 전투에서 전사한 병사들의 유골을 찾기 위해 1979년부터 움직였다. 그녀를 통해서였다. 그는 너무나 알려져 그 일에 직접 나설 수가 없었다. 유골을 찾는 일은 쉽지 않았다. 중국에 들어가 조선족들을 통해 받는 군번표는 대부분 가짜였고, 유골은 다 동물의 뼈였다. 그래도 그녀는 목숨이 다하는 날까지 장군이 자신에게 남긴 유언을 잊을 수가 없었다. "한국전쟁 때 죽은 미군병사들의 시신을 꼭 찾아서 본국으로 보내줘요."

푸른 눈의 장군 할아버지는 1982년 7월 12일 용산의 미 8군 기지에서 심장마비로 돌아가셨다. 나의 별은, 당신이 한 소녀의 생애에 얼마나 큰 선물을 남겼는지 끝내 보지 못하셨다.

위트컴 장군에 대한 글은 거기서 끝나 있었다. 노트를 덮고 나니 무겁게 나를 짓누르던 할머니의 유업이 한결 가벼워졌다. 나도 누군가의 별이 되고, 선물이 될 수 있을까? 노트를 덮는데 불현듯 그런 생각이 들었다.

2. 위트컴 장군 인류애, 세계인과 공유하자

-김재호 부산대 전자공학과 교수·위트컴장군추모사업회 사무총장

국제신문 2018년 7월 23일 25면 기고

1953년 11월 27일 발생한 부산역전 대화재는 6·25전쟁이 끝나고 재건을 꿈꾸던 부산시민의 희망을 빼앗았다. 이 화재로 29명의 사상자와 6000여 세대 3만여 명의 이재민이 발생했다. 피해 규모는 현재 화폐 가치로 1조 8000억 원에 달하는 것으로 추산된다. 하루아침에 집을 잃은 이재민들은 추위와 기아에 직면했다. 당시 미군 부산군수사령관이던 리차드 위트컴(Richard S. Whitcomb, 1894~1982) 장군은 긴급하게 미군의 군수 물자를 이주민들에게 나눠주고 직접 천막촌을 지어줬다. 장군의 선행으로 부산시민은 폐허 더미 속에서 생명을 유지하고 희망을 잃지 않았다.

보리밭에서 아이를 낳을 수밖에 없었던 여인들의 사정을 알게 되자 메리놀병원 등 병원 4곳을 짓는 데 도움을 줬다. 부산대의 현재 장전동 부지 50만 평을 구해주고, 진입로 건설과 부지 정리 및 공과대학 건물을 지어주었다. 그는 6·25전쟁 후 대한민국 재건과 전쟁고아를 위해 헌신했고 한국인(한묘숙 여사)과 결혼했으며 죽어서도 유엔기념공원에 안장됐다.

이 모든 것이 하마터면 역사 속에 파묻힐 뻔했지만, 2011

년 필자와 강석환 부산지역 역사연구가에 의해 부활하듯 되살아났다. 이 과정에서 국제신문의 2011년 6월 11일 자 1·4면 '위트컴의 혼 깨운다' 기사를 비롯한 적극적인 보도가 결정적인 역할을 했다.

위트컴 장군을 따라 다니는 수식어가 있다. '한국인보다 한국을 더 사랑한 장군' '파란 눈의 천사' '한국전쟁 고아들의 아버지' 등이다. 위트컴장군추모사업회는 최근 장군의 가족, 청소년 및 대학 시절 자료와 장군이 참전했던 2차 세계대전을 기록한 저서 『One War』를 발굴했다. 장군의 아버지(George H. Whitcomb)는 미국 캔자스주 대법관을 지냈다. 어머니(Jessie Whitcomb)는 작가이자 아버지와 보스턴 법대의 동급생이었고 미국 법대에서 강의한 미국 최초의 여성이었다. 명문가의 자녀였던 위트컴 장군은 위시번대학에 재학할 당시 필리핀 선교사를 꿈꾸던 청년이었다. 장군이 부산에서 행한 위대한 선행은 군인 이전에 가난한 나라에서 자신의 삶을 바치려는 선교사 정신으로 행한 것으로 보인다.

아직 발굴해야 할 것도 많다. 위트컴 장군이 부산역 화재 이후 군수물자를 시민에게 나눠줘 군법을 어겼다는 이유로 미국 의회 청문회에 불려가 "전쟁은 총칼로만 하는 것이 아니다. 그 나라 국민을 위하는 것이 진정한 승리"라고 말해 의원들의 기립박수와 함께 많은 구호물자까지 받고 부산으로 돌아왔다는 감동적인 스토리는 회자되고 있는데 연설 내용과 시간, 장소에 관한 자료를 아직 찾지 못했다. 위트컴 장군이 부산역 대화재 이주민을 위해 영도와 양정동에 400세대 규모의 주택을 건립하자 이주민들이 위트컴 장군의 은혜를 기리는 공덕비를 세웠는데 사진만 남아 있을 뿐 흔적은 사라졌다.

이런 위대한 인류애적 정신을 가진 위트컴과 그의 선행을 부산시민은 물론 전 세계에 알려야 한다. 추모사업회는 장군을 기억하고 그의 숭고한 정신을 계승하기 위해 다양한 사업을 계획하고 있다. 위키피디아에 위트컴 장군 등록, 위트컴 장군 홈페이지 개설, 위트컴 장군 부산시민 추모 행사 및 초·중·고교생 글짓기 대회 개최, 초등학교 교과서에 위트컴 장군 선행 수록, 위트컴 평전 집필 및 다큐멘터리·뮤지컬·영화 제작, 위트컴 기념공원 조성, 미국 순회 위트컴 기념 감사 음악회 개최, 위트컴 장군이 쓴 『One War』 번역 등이다.

부산스토리텔링협의회는 2012년 위트컴 장군이 부산 스토리 보물의 원석이며 잘 다듬으면 부산의 세계적 문화상품이 될 수 있다고 했다. 수많은 관광객이 부산을 다녀가지만, 부산의 대표적인 스토리가 아직도 없지 않은가. 북항 재개발 지역에 오페라하우스가 준공되면 그 기념으로 '파란 눈의 천사 위트컴'이 오페라로 초연되기를 꿈꿔 본다. 오직 부산만 가지고 있고, 세계가 공감할 수 있는 스토리가 있다. 부산이 위트컴 장군의 도움으로 또다시 세계적으로 주목받을 수 있다. 왜 우리는 이 엄청난 보물을 아직도 제대로 활용하지 못하고 있는가. 부산이 세계적인 도시로 거듭나기 위한 노력의 하나로 우리가 모두 이 일에 적극 나서야 할 때가 됐다.

3. 리차드 위트컴 장군과 세계시민정신

-강석환 부산관광협회 부회장·초량왜관연구회장

국제신문 2018년 9월 17일 25면 기고

부산에는 세계 유일의 유엔기념공원이 있다. 이곳에는 참전 우방국 2300여 기의 영령이 안식 중이다. 1950년 6·25전쟁에 참전해 자유민주주의 가치를 수호하기 위해 목숨을 바친 우방국의 영웅이 그들이다. 해마다 부산시와 국가보훈처 그리고 지역 민간단체는 그분들의 희생을 기리고 추모하는 행사를 연다. 국가보훈처는 2010년 6·25전쟁 60주년을 맞아 전 세계 참전용사 한국 방문 프로그램을 만들어 그분들이 가족과 함께 다시 한국을 찾도록 했다.

백발이 성성해진 노인이 되어 다시 한국을 방문한 그들은 오늘의 대한민국의 발전상을 직접 확인하고 청년 시절 그들이 흘린 피와 땀이 절대 헛되지 않았다는 자부심과 보람을 느꼈다. 그중 한 분이 미국 출신 클리포드 스트로버스(클리프) 씨. 그는 1953년부터 1954년 11월까지 부산 자갈치에 있는 미군 44공병여단 본부에 근무했다. 마침 그때 새로 나온 코닥 컬러필름으로 틈틈이 부산과 부산 근교의 모습을 컬러사진으로 담아냈다. 그는 2010년 서울 행사를 마치고 자신이 근무했던 부산을 찾았다. 당시 필자가 위탁 운영하던 용두산공원 부산타워를 방문했다. 그게 인연이 되어 그가 소장한 1950년대 부산과 한국의 생생한 모습이 담긴 컬러사진 230여 점과 흑백사진 50여 점을 입수할 수 있었다.

유독 그 사진 속에는 메리놀병원 기공식, 보육원 준공식, 부산역전 대화재 재건 등을 주관하는 군 장군이 눈에 띄었다. 나중에 확인해 보니 그분이 우리에게 알려지지 않았던 리차드 위트컴 장군이었다. 『부산대 60년사』, 『메리놀병원 50년사』, 국가기록원 자료 등에 리차드 위트컴의 업적이 그대로 실려 있다.

위트컴 장군은 부산 주재 미육군 군수지원사령관으로서 1953년부터 1954년 12월까지 한국군과 부산 재건 임무를 맡았다. 그는 이를 위해 스스로 미육군한국지원프로그램(AFAK)을 만들어 부산대 등 교육시설, 메리놀병원 성분도병원 등 각종 의료시설, 고아원 건립, 양정과 청학동 주택단지 건립, 도로 교량 건설, 부산역전 대화재 이재민 구호를 포함한 수많은 인도적 사업을 열정적으로 펼쳤다. 의료시설 재원이 모자라자 위트컴 장군은 자선 바자의 성공적 개최를 위해 직접 한복을 입고 홍보 행렬에 참여했고 예하 부대별로 고아원 등 후생시설에 자매결연으로 후원과 기부를 유도했다. 그는 1954년 말 전역과 함께 미국으로 귀국했으나 다시 한국으로 돌아왔다.

그는 아이젠하워 대통령, 밴플리트 장군과 함께 '한미재단'

을 설립해 미국에서 한국을 돕는 공공과 민간의 지원이 끊임 없이 이뤄지게 하고 특히 한국전쟁 고아들의 건강한 삶을 위해 고아원 지원에 온 힘을 다했다. 그가 1982년 7월 12일 서울 용산의 병원에서 영면했을 때 동아일보는 '한국전쟁 고아의 아버지 위트컴 장군 영면하다'는 부음 기사를 썼다.

1960년대에는 고령에도 서울을 근거로 하여 베트남, 캄보디아, 중국을 돌며 이곳의 낙후된 의료시설을 보고 '위트컴희망재단'을 설립해 한국의 재건과 전쟁고아의 성장뿐 아니라 중국과 아시아지역 의료시설 확충과 북한 땅에서 돌아오지 못하고 있는 미군 장전호 전투 전사자의 유해를 찾아오는 일을 여생의 임무라고 믿고 실천했다. 또한, 그는 스스로 한국인임을 자처하고 한국 여성인 한묘숙 여사와 결혼했다. 한 여사는 이후 북한을 23차례나 방문해 유해를 찾았다. 그는 죽어서도 미국에 돌아가지 않고 한국에 묻히기를 원해 부산 유엔기념공원에 안장돼 있다. 장군급으로서는 유일하다.

부산대 김재호 교수와 필자는 위트컴 장군의 부인이 서울 용산에 계신 것을 알고 그분을 찾았고 추모사업회를 만들어 매년 7월 12일 유엔기념공원에서 추모식을 열어왔다. 2012년 국제신문의 위트컴 장군을 조명하는 기획시리즈 기사가 보도된 이후 부산시가 그해 10월 24일 유엔의 날 기념행사에 맞춰 부산시민의 감사 뜻을 담은 감사패를 위트컴 장군 부인에게 전달했다.

부산은 오랜 기간 수많은 국제 교류 역사가 배어 있는 곳이다. 오늘의 부산 역시 세계와 무역하며 해운과 수산의 중심지로 역할하고 있다. 열린 세계인의 마음과 인류애를 바탕으로 협력과 선행의 상생하는 위트컴 장군의 모습에서 세계시민으로서 인류공영에 어떻게 이바지하는지를 잘 볼 수 있다. 이 또한 부산시민의 DNA와 너무도 일치한다. 리차드 위트컴 장군. 그는 영원한 한국인, 부산인이다.

2021년 7월 12일 부산 유엔기념공원에서 위트컴 장군 39주기 추모행사가 열리고 있다. ©국제신문

4. 리차드 위트컴(Richard S. Whitcomb) 장군 연보

1894년 12월 27일	미국 캔자스주 출생
1916년	미 육군 소위 임관
1917년	제1차 세계대전 참전(마른전투 참가)
1941년	제2차 세계대전 참전
1943년	영국 브리스톨 해협 항구 사령관
1944년	프랑스 노르망디 상륙작전 군수지원
1950년	그린란드 기지 건설을 위한 군수지원
1953년	한국 군수사령관 부산역전 대화재 이재민 지원
1954년	부산 재건 활동, 부산대 건립 지원
1954년 12월	군수사령부 해체, 전역
1955년	이승만 대통령 정치고문
1960~1970년	베트남 캄보디아 군사고문
1970~1980년	장진호 전투(1950년 11, 12월)서 숨진 미군 유해 발굴·송환 위해 부인 한묘숙 여사 북한 20여 회 방문
1982년 7월 12일	서울서 별세, 부산 UN기념공원 안장

에필로그

Richard S. Whitcomb

에필로그

위트컴 장군 책 출간을 위해 관련 자료를 정리하는 과정에서 신문 기사 이외에 체계적인 연구가 빈약하다는 점을 새삼 느꼈다. 동시에 전쟁과 평화라는 관점에서 부산이라는 도시가 지닌 독특한 가능성도 재발견할 수 있었다.

위트컴 장군이 한국에 오기 전의 활동 상황에 관한 자료가 턱없이 부족했다. 박주홍 김재호 교수가 이 부분에 관한 연구를 진행하고 있어 머지않아 좋은 성과가 날 수 있을 것으로 기대한다. 특히 박주홍 교수는 역사적 사실을 토대로 장군의 리더십에 관한 흥미로운 연구를 하고 있어 주목된다. 육군 준장 출신의 박 교수는 1953년 11월 부산역전 대화재가 발생했을 때 군수물자를 승인 없이 이재민에게 나눠줬다는 이유로 미국 의회에 소환된 위트컴 장군의 모습은 전형적인 군인과 그것과 사뭇 다르다며 어떻게 이런 리더십이 탄생했는지, 어떻게 현장에서 구현됐는지를 연구하고 있다. 장군의 삶 속에 자리 잡은 리더십의 뿌리를 캐고 있다.

부산은 6·25전쟁 때 전투는 없었지만 전쟁의 상흔을 간직한 곳이다. 세계 유일의 유엔군 참전용사가 안장된 유엔기념공원이 있다. 이곳은 국경을 초월해 인류 화합을 보여줄 수 있는 상징적 공간이자 망자를 통해 산 자를 치유할 수 있는 역설적 공간이다. 여기 담긴 콘텐츠를 제대로 부각하면 전 세계인을 대상으로 관광 상품화가 충분히 가능하다는 얘기다. 6·25 전쟁 당시 전국에서 몰려든 피란민을 껴안고 먹여 살렸던, 가마솥 부(釜) 자를 쓰는 부산은 포용과 개방, 환대의 도시라는 점도 널리 알릴 필요가 있다.

나아가 부산시가 2030 월드엑스포 유치에 뛰어든 상황에서 위트컴 장군의 인류애와 전후 재건 활동을 공유하고 배울 수 있는 프로그램을 만든다면 개발도상국의 지지를 얻는 데 큰 도움이 된다는 게 전문가들의 견해다. 박형준 부산시장은 2030 부산월드엑스포를 유치하기 위해 공적개발원조(ODA)를 적극적으로 활용하겠다고 밝힌 바 있다. 위트컴 장군의 활동은 부산형 ODA의 원조이자 구체적 사례로 꼽힌다. 위트컴 장군을 통해 원조받는 나라에서 원조하는 나라로 탈바꿈한 성공 스토리를 생생하게 전달할 수 있을 것이다. 이처럼 위트컴 장군의 정신은 오늘날에도 부산시민의 가슴 속에 남아 살아 숨 쉬고 있음을 잊지 말았으면 한다.

참고문헌

클리포드 스트로버스(클리프)·강석환, 2011,『칼라로 만나는 1954년 KOREA』, 두모문화산업

박주홍, 2021, '위트컴의 삶에서 발견하는 참군인의 리더십', 〈제3회 위트컴 장군 기념세미나 자료집〉, 유엔평화기념관

김재호, 2018,『부흥의 우물』, 아르카

배수강, 2011, '30년 넘게 유해 찾아 헤매는 한묘숙씨, 그 기구한 삶', 〈신동아〉 2011년 5월호

윤정규, 1979,『불타는 화염』, 일월서각

이석조, 2008,『젊은 영혼들과 함께한 천일간의 백서』, 다찬

김한근, 2011년 6월 7일~24일 부산 중구 백산기념관, 〈컬러사진으로 보는 1951년 6월, 부산전〉, 부산 중구청·부산불교역사연구소(현 부경근대사료연구소)

로저 마슈츠가 찍은 1952~1954 위트컴 장군과 부산에 관한 사진 120여 장, 미국 하버드대학 피바디박물관 홈페이지(www.peabody.harvard.edu/search)

『부산대학교 60년사』

『메리놀병원 50년사』

국가기록원 자료

〈국제신문〉 기사

〈부산 남구신문〉 기사